Mujeres en fuga

Rose Marie Tapia

I.S.B.N: 9781500592936

Portada: Manuel López

P. 863
T172 Tapia Rodríguez, Rose Marie

EDITORIAL AMAZON

REBECA

CAPÍTULO 1

Por primera vez, Rebeca sintió el olor de la ira: era similar al de la pólvora. El sudor empapaba su rostro, impidiéndole ver con claridad, mientras un fuerte dolor de cabeza acrecentaba su angustia. Era como si la sangre le hirviese y como si el continuo zumbido en los oídos fuera el anuncio de tal ebullición. Intentó ponerse de pie y las piernas no le respondieron. Apretó los dientes para lograr concentración, presintiendo que, además de su respiración corta y ruidosa, tenía el cabello erizado, y que todo esto, aunado a la tensión muscular y facial, debía hacerla parecer un monstruo. Mejor así, pensó, pues era el aspecto que necesitaba para encuadrar aquella furia asesina que le nublaba los sentidos.

Ernesto también se dio cuenta del cambio. No parecía la Rebeca de siempre, ya que logró quitárselo de encima con un solo empujón. A punto de perder el equilibrio, el hombre la sujetó por un brazo y se lo dobló hasta lograr tumbarla sobre la cama. La fuerza extra que él le impuso evitó que ella tuviera éxito en su intento por zafarse. Ernesto le levanta la falda y comienza a bajarle las medias, al tiempo que le atenaza el cuello y la besa con violencia. Rebeca cierra los ojos y deja de luchar.

—No quiero que me violes, prefiero colaborar.

—Así me gusta, que te comportes como la mujer inteligente que eres.

—Lo único que te voy a pedir es que me dejes estar arriba.

—¿Arriba? Ah, de veras, mujer dominadora.

—No te vas a arrepentir, voy a hacerte algo que nunca olvidarás.

—Así me gusta.

Rebeca inventa una sonrisa y un gesto de complicidad que combina bien con la cara de satisfacción que comienza a mostrar Ernesto.

—Deja que te desvista, solo cierra los ojos; te vas a dar cuenta del inmenso placer que puede proporcionar una mujer madura.

Ernesto la obedece; ella toma el vaso de licor que él sostenía hasta antes de atacarla y se lo derrama con calma sobre la piel del pecho, mientras comienza a besarlo. El hombre se va relajando; muestra tanta satisfacción que, apenas lo advierte, ella siente asco. Con calculada lentitud, extiende un brazo y toma con energía la lámpara de noche.

—¡Cerdo miserable!

El primer golpe es directo a la frente, luego vienen dos más débiles, en el hombro y la cabeza, pero el hombre ya ha perdido la conciencia. Rebeca se levanta, alisa su falta, va hasta donde se encuentra el maletín de Ernesto y recupera la escritura y el documento notarial. Enseguida se marcha.

Cuando Rebeca llegó al Hotel Paraíso, Ernesto la esperaba entre impaciente y molesto. Le pidió que subieran a su suite y ella no se atrevió a negarse. Una vez en la habitación desplegó el documento: un compromiso notariado que ella había firmado dos días antes, donde se comprometía a pagar la suma adeudada en un plazo de cuarenta y ocho horas; de no ser así, él pasaría a ser el dueño de su apartamento.

Rebeca no creía que eso le estuviera pasando. Trató de analizar la situación, pero su mente era un caos; necesitaba un trago. Ernesto le sirvió un whisky doble en las rocas. Lo tomó despacio, mientras buscaba un subterfugio para salir del paso. Intentó convencer al prestamista de que le concediera una prórroga al compromiso, pero fue inútil. De eso pasó al coqueteo y a la insinuación. Ernesto, burlándose de ella, le dijo que ya no estaba para ofrecerse.

Rebeca arribó a su apartamento, las manos le temblaban, tuvo que hacer un esfuerzo para abrir la puerta y entrar. Había conducido a toda prisa, luego de salir del hotel. Con pasos inseguros se dirigió a la biblioteca y guardó la escritura. Corrió hacia la cocina y quemó el documento notariado. Se sentía desesperada, no tenía a quién llamar. Había cortado toda comunicación con su única amiga, la primera en advertirle de las consecuencias que traería su adicción al juego. En su mente aún martillaba la conversación sostenida dos meses atrás, cuando empezó su tragedia.

Tras unos minutos de duda, tocó el timbre del portero eléctrico. Graciela vivía en el centro de la ciudad, en un edificio hermoso, de esos que aún logran erigirse en medio de árboles, palmeras y jardines. Por unos segundos, Rebeca pensó que sería hermoso tener un hogar así, en la ciudad, pero en contacto con la naturaleza. Su amiga tenía suerte, al parecer a ella todo le salía bien; qué diferencia con su vida, que iba de salto en salto. Respiró profundo para aliviar su angustia y dos lágrimas brotaron de sus ojos. En ese momento se le acercó el guardia de seguridad del edificio y le preguntó a quién buscaba. Antes de contestarle, miró el reloj y solo hasta ese momento captó cuán inoportuna era su visita: había pasado casi quince minutos después de las doce de la noche.

—A la señora Graciela Arosemena del 9 A.

—¿Sabe ella que viene a visitarla a esta hora?

Volvió a tocar el timbre sin mirar al guardia, pero enseguida pensó que era mejor que se retirara. Segundos después se oyó la voz de Graciela, preguntando a quién llamaba.

—Soy Rebeca.

—¿Rebeca? ¿Sucede algo?

—No, digo, sí. Necesito hablar contigo. Apenas se abrió la puerta, pasó al vestíbulo y se dirigió al elevador. Graciela la esperaba.

—Entra y siéntate, mujer, me imagino que debe ser algo grave.

—No tienes idea, estoy desesperada. Por favor, dame un vaso con agua.

Rebeca la tomó despacio, sorbo a sorbo, con la mirada perdida en los cuadros de la pared. Su amiga mantuvo un silencio expectante.

—¿Me prestas el baño?

—Por supuesto, pasa.

Al contemplarse en el espejo, Rebeca se sorprendió. ¡Cómo era posible que estuviera en ese estado! En poco tiempo había envejecido notablemente; solo tenía cuarenta años, pero el rostro del espejo era el de una vieja. «Pronto va a pasar esta mala racha y todo será como antes», pensó.

Graciela tocó dos veces la puerta del baño.

—Amiga, ¿estás bien?

—Sí, salgo enseguida.

Abrió la puerta; parecía haberse recuperado. Fingiendo seguridad, avanzó hasta la sala, se sentó en una de las butacas y guardó silencio.

—Dime qué te pasa, me tienes en ascuas.

—Necesito doscientos dólares.

—¿¡Cómo!?

—¡Cómo lo oyes! Necesito dinero; en cuanto llegue Mauricio, te lo pago. Por favor, no me hagas preguntas.

—¿Te volviste loca? Vienes a media noche a mi casa a pedirme dinero, como si tu vida dependiera de eso, y no quieres decirme en qué lío estás metida. Sabes que no es curiosidad malsana, somos amigas y nunca nos hemos ocultado nada.

Rebeca se levantó y, angustiada, caminó por la sala del apartamento, como si estuviera revisando cada adorno, cada mueble, pero era evidente que sus pensamientos estaban lejos de allí.

Observándola, Graciela recordó que veinte años atrás, cuando Rebeca estudiaba Comunicación Social y ella Sociología en la universidad, su amiga era la joven más bella del grupo, y no solo por su apariencia física, pues además sus ojos pardos reflejaban agudeza y gran inteligencia.

—Lo que menos necesito en este momento es dar explicaciones. Mañana te contaré todo, por favor, préstame el dinero, ¡ahora!

—Ni lo sueñes.

Rebeca hizo un gesto de contrariedad y se dirigió con pasos medidos hacia la puerta, confiando en que Graciela le impediría salir; pero ella sabía que era difícil manipular a su amiga, y que esta no haría ningún esfuerzo por detenerla. Entonces recurrió a un último recurso y se dejó caer al piso, llorando.

—Lo siento. Ahora menos que nunca te voy a prestar dinero, sin que antes me digas qué diablos te pasa.

Rebeca se levantó y, sollozando, fue al bar y se sirvió un trago de coñac. Graciela aguardó a que se mojara los labios con el licor, sin insistir en sus preguntas.

—Mauricio se fue para México por un mes y me entregó el dinero del gasto, como hace siempre.

—¿Y eso qué tiene que ver con tu situación de ahora?

—No me interrumpas, por favor.

Graciela hizo un ademán para indicarle que continuara.

—Lo gasté todo en el casino.

—Debí imaginármelo. Rebeca, ya hemos hablado de eso.

—No te preocupes, estoy segura de que si regreso, lo recupero con creces. Fue una mala racha, muchas veces he ganado. Te aseguro que mañana mismo te pago.

Graciela contempló a su amiga: le temblaban las manos, su rostro estaba contraído por la tensión y sudaba copiosamente. «¡Dios mío, Rebeca está enferma y no quiere admitirlo!», pensó. Se acercó y la abrazó. Ella, separándose con brusquedad, le dijo:

—Necesito ese dinero antes de que sea tarde.

—No cuentes conmigo para seguir hundiéndote en ese abismo. Si has venido a mi casa a esta hora a pedirme prestado para seguir jugando, es porque estás enferma, enferma.

—Ay, no, otra vez. ¿Enferma yo?

—Sí.

—Amiga, ¡mírame! ¡Estoy bien!

—Te equivocas, sufres de adicción al juego.

—¡Ja, ja! Adicción al juego solo porque tuve una mala racha; porque quiero recuperar mi maldito dinero, estoy enferma. ¡Bah!

—Mi hermana padece de ese trastorno y la he acompañado a las terapias, por esa razón tengo conocimiento del tema. Todavía no se ha recuperado, pero está haciendo el esfuerzo y soy testigo de su sufrimiento. Perdió el trabajo, una relación sentimental de dos años y, lo peor, el respeto a sí misma.

—No estoy para sermones, ni para escuchar absurdas historias. Si no me vas a prestar el dinero, me voy.

Graciela estaba molesta ante aquella situación, pero se controló. Sabía que la relación adictiva con el juego se niega una y otra vez, pues la persona afectada no es consciente de tener un problema o, en todo caso, tiene la sensación falsa de que lo controla o lo puede controlar.

—Espera, vamos a conversar y si me convences de que no tienes un problema de adicción, te prestaré el dinero.

Rebeca dio la vuelta y en su rostro se dibujó una sonrisa. Estaba segura de que su amiga la estimaba lo suficiente y que no la dejaría en ese estado. La mentira es un ingrediente indispensable para mantener la adicción. A ella las circunstancias la habían obligado a convertirse en una experta.

Mientras escuchaba una trágica historia sobre carencias afectivas y soledad, Graciela advirtió cómo Rebeca se esforzaba en ocultar su nerviosismo, tratando de dar una imagen de normalidad, mientras su lenguaje corporal denunciaba la desesperación que la invadía: las manos le temblaban a pesar de que las apretaba la contra la otra; el pie derecho lo movía en forma circular; la mirada divagaba de un lado a otro de la habitación y el rostro no era consecuente con el tono de las palabras.

Entonces Graciela se percató de que el problema de Rebeca era grave y hasta peligroso, debido a que estos pacientes buscan en el juego un refugio, una vía de escape a sus miedos y, si no lo encuentran, pueden estallar de otro modo. Era mejor hacerle el préstamo y conversar con ella cuando estuviera más calmada. Buscó su billetera y le entregó el dinero.

Rebeca tomó los billetes de un zarpazo, la abrazó y salió a toda prisa. Sin saberlo, en ese preciso momento comenzaba la peor etapa de su perdición.

Casi cinco horas después volvió a llamar a Graciela, esta vez con voz alegre y despreocupada. Del otro lado de la línea, su amiga se puso alerta ante tan abrupto cambio de actitud, y enseguida le preguntó cómo se sentía.

—De maravilla, no estoy enferma, ya te lo dije, esas son ideas tuyas. Y no te llamaba para eso, es que estoy en el restaurante del Hotel Paraíso y pensé que podría invitarte a desayunar. Aquí el café es magnífico. ¿Me acompañas? Así te devuelvo el dinero que me prestaste hace un rato.

—Oye, ¿no has ido a dormir?

—¿Dormir? ¿Con tantas cosas que hacer? ¡No, amiga! Entonces, ¿te espero o no?

—Está bien, iré para allá.

Graciela era una mujer distinguida. Sobre todo, elegante: sabía acomodar su vestuario de tal manera que realzaba su personalidad en todo momento; eso, sumado a una actitud segura y afable, le granjeaban el respeto y la admiración de cuantos la conocían. Cuando entró a la cafetería del Hotel Paraíso, varios ojos dejaron de observar lo que estaban observando para irse detrás de los pasos de aquella mujer que se acomodaría en una de las mesas posteriores, donde otra dama de mayor edad la estaba esperando.

—Quita esa cara de tragedia, amiga, que estoy feliz. ¿Recuerdas que te dije que iba a ganar? Así fue. Ahora comenzó mi buena racha. No podría ser de otro modo: debajo de este vestido negro traje mi ropa interior roja. Eso nunca falla.

—¿Eso tiene algo que ver?

—¡Mucho! Porque cuando ganas, la gente te envidia, te echa la sal y te dan mala suerte. No es cualquier ropa interior. Tiene que ser de encajes y hay que ponérsela al revés. Todos esos elementos son rituales mágicos. También el dinero que me prestaste me dio suerte, jugué a las cartas y gané tres mil dólares.

Rebeca siguió contándole a Graciela, que siempre había jugado en las máquinas, pero esa madrugada, cuando regresó al casino, llegó con la intención de utilizar la misma que había dejado horas atrás. Confiaba en que le devolvería todo su dinero, pero por las demoras que tuvo encontró a otra señora posesionada de su sitio, y no hubo forma de que la soltara. Sostuvieron una discusión, hasta que uno de los empleados del casino, que la conocía, le sugirió que jugara a las cartas, y hasta se ofreció a orientarla. Prefirió jugar veintiuno, porque el póker le resultaba más complicado.

—¡Imagínate! En una hora gané tres mil dólares con los doscientos que me prestaste. ¿Sabes lo que eso significa? Puedo pagar gran parte de mis deudas con esa buena racha.

A Graciela le preocupó que Rebeca se inclinara ahora por el juego de naipes. Era común que las mujeres lo hicieran en las máquinas tragamonedas, lo que se ve más bien como un entretenimiento que como un vicio. Pero no es lo mismo en las cartas, donde se suelen jugar y perder fortunas.

Rebeca extrajo el dinero de su billetera, lo dobló y lo colocó al lado de la taza de café de su amiga, quien mantuvo la misma actitud seria con la que había llegado.

—¿Por qué eres tan aguafiestas? No voy a permitirte que me amargues la vida. Hoy es mi día, la suerte me sonríe y, si te relajas, te invito a una partida.

—Te lo repito, estás enferma y lo peor es que no lo sabes. No pienso quedarme para ser testigo de tu destrucción.

—Amargada, eso es lo que eres. No tengo más diversiones, esta es mi forma de divertirme un rato. Tengo derecho a disfrutar de la vida, ¿o no? Bien sabes cuántos meses pasé deprimida por culpa de la infidelidad de Mauricio y esta fue una forma de recuperarme. Pasé meses sin sentir nada, ni amor, ni odio, ni deseos de comer, de asearme y mucho menos de salir a divertirme. El juego hizo renacer mis sensaciones, vivir con intensidad, le dio un nuevo aliciente a mi existencia y ahora soy casi feliz.

—El casi, no vale. Uno es feliz o no lo es. Lo que veo en ti es el rostro de la desolación.

Rebeca hizo un mohín de furia, se levantó y salió sin despedirse. Graciela tomó el dinero, dejó el importe de la cuenta y abandonó el lugar, con el corazón contraído por la angustia. No era posible que su mejor amiga se comportara de esa forma; y lo que era peor, si no se equivocaba, el rumbo que tomó al salir no era el de la calle, sino el del casino.

Antes de retirarse, se detuvo, asombrada, por la magnificencia de la entrada al local de juegos; en verdad era todo un gancho para cualquier incauto que creyera en las promesas que describían cada uno de los accesorios de la entrada: las luces, los colores, los sonidos, los uniformes, las alfombras. Como hipnotizada, se dejó llevar por la curiosidad y quiso ver más de cerca el casino.

Apenas traspasó las puertas adornadas con vitrales alusivos a reinos de magia y esplendor, subió por las amplias escaleras hasta el primer piso. Se sorprendió al ver tantas máquinas tragamonedas, rodeadas de diferentes salas de juego. En una de ellas divisó el vestido negro de Rebeca. Deseaba que su amiga la viera, pero ella se encontraba concentrada en la partida. Entonces dio media vuelta y se retiró del lugar.

En efecto, Rebeca estaba embebida en el juego. Confiaba plenamente que el color de su vestido, el tipo de ropa interior que llevaba y el modo de usarla, así como la buena racha que la acompañaba, serían factores decisivos para multiplicar el dinero que guardaba en la cartera. Le entregaron dos cartas. Esperó que los demás jugadores pidieran las de ellos. Luego miró las suyas. Respiró profundo y gritó:

—¡Black Jack!

Una sonrisa de triunfo se dibujaba en su rostro. Se sentía triunfadora, había cambiado su suerte. Jugó por cuatro horas consecutivas, sin siquiera levantarse para ir al baño. ¡Había ganado cinco mil dólares más! Para ella, acostumbrada a alegrarse con premios de doscientos dólares, aquello era toda una fortuna. La excitación que la embargaba era incontenible, se reía a carcajadas, saltaba y bailaba. Su placer por el juego estaba relacionado con la capacidad de disfrutar la vida. Dicho placer necesitaba niveles superiores de estímulo y excitación. Y el riesgo de perder el dinero la envolvía en una vorágine que la embriagaba, la hacía sentirse viva y en constante búsqueda de sensaciones.

Necesitaba incrementar el número de apuestas y, ahora que la suerte estaba de su lado, tenía la oportunidad de hacerlo, una y otra vez. Y como si fuera poco, apareció un príncipe radiante que la escoltó en aquellos instantes de alegría infinita.

Arturo Gómez vestía como un gran señor. Ella había intercambiado sonrisas con él desde temprano, cuando lo vio jugar en el otro extremo de la mesa con el aplomo de los conocedores. Él le dijo que ese día las estrellas de ambos se habían alineado, porque él, desde la noche anterior, había acumulado una pequeña fortuna en la ruleta. Rebeca nunca había apostado dinero allí, pero pronto Arturo la convenció de que se le uniera. Ella no lo pensó dos veces y accedió. Él la tomó del brazo y se dirigieron a la mesa donde le aconsejó que apostara al trece negro.

—¿Y cuánto debo apostar? —preguntó ella, embelesada por la forma en que él clavaba los ojos en sus labios mientras hablaba.

—Alguien con tu suerte no apostaría menos de cinco mil dólares.

Una extraña sensación recorrió el cuerpo de Rebeca, sintió como si flotara entre las nubes cuando Arturo la abrazó por la cintura. La sangre le hervía en las venas, las piernas le temblaban y el corazón le golpeaba con fuerza cuando hizo la apuesta.

Con la visión nublada no vio la ruleta dar vueltas y vueltas, hasta que escuchó la voz de Arturo cuando gritó:

—¡Trece negro!

Temblando de excitación, sintió un bienestar voluptuoso en el cuerpo, como si estallara en una especie de orgasmo múltiple. Sí, no lo podría describir de otra manera. A partir de ese momento, perdió la noción del tiempo. Cuando Arturo le recomendó que descansaran un poco en su habitación, y que antes dejaran el dinero a buen recaudo en la casilla de seguridad del hotel, ella creyó que eran días enteros los que habían pasado en aquel frenesí perpetuo que la mareaba. Fueron veinticinco mil dólares los que Arturo le entregó al encargado de la recepción, sin dejar de mirar con pasión el rostro de Rebeca.

Pese al cansancio de ambos, hicieron el amor como dos adolescentes que se entregan con el único fin de descubrir cuántos misterios les depara la pasión. Descubrir los besos y las caricias de Arturo, justo en un momento tan feliz de su existencia, era como un regalo doble que le entregaba la vida a cambio de todas las tristezas y angustias recientes.

Agotada, pero satisfecha y alegre, durmió por seis horas seguidas. Cuando despertó, buscó la tibieza del cuerpo que la llevaría a cabalgar por llanuras de placer, pero no lo encontró. Se levantó rápido de la cama, a pesar del ligero mareo que le dejaron las copas y los excesos. Llamó a Arturo y no le respondió; lo buscó en el baño, en el balcón, pero él no estaba. Se vistió y bajó a la recepción.

—¿Me puede localizar al señor Arturo Gómez?

—El señor Gómez dejó el hotel hace tres horas. Dijo que usted permanecería en la habitación un día más y canceló la cuenta.

—Qué extraño. Pues, ni modo. Entonces, deseo retirar el dinero que dejé en la caja de seguridad.

—Señora, ese dinero lo retiró el señor Gómez.

—¡¿Cómo?!

—Señora, disculpe, pero la firma de él es la que aparecía en el recibo de depósito. Además, es la cajilla en la que tenía otros documentos y bienes desde que llegó a este hotel. Señora, ¿se siente bien?

Rebeca se sentó para no caer; metió la cara entre las manos y lloró. Le parecía increíble que la hubiesen timado de esa manera. Y justo el ser más encantador que jamás había conocido.

Un mal presentimiento oprimió el pecho de Graciela cuando trató de comunicarse con su amiga Rebeca y nadie le contestó el celular. Preocupada, decidió visitarla. Ana, la suegra de Rebeca, la recibió y le dijo que estaba asustada porque Rebeca no había regresado.

—¿Cuándo salió?

—Antes de ayer, temprano.

—Creo que debemos informar de esto a la Policía.

—¿Usted cree?

—Por supuesto, tiene casi cuarenta y ocho horas de desaparecida, yo la vi ayer temprano, y creo que andaba angustiada.

En ese momento se abrió la puerta y apareció Rebeca, aún con el traje negro que le había visto Graciela el día antes. Su rostro evidenciaba la fatiga acumulada y la angustia que la venía afectando.

—¡Caramba! Hay una reunión de caras largas aquí. Pero no se alegren, que no pasó nada. Solo que me encontré con una amiga española que estaba de paso, nos quedamos conversando, fuimos a recorrer almacenes, bebimos unas copas, se me hizo tarde y ella me invitó a quedarme en el hotel donde se hospedaba.

Graciela no le creyó, deseaba comprobar hasta dónde era capaz de llegar por encubrir su vicio por el juego.

—Rebeca, esta tarde la tengo libre, me gustaría que conversáramos.

—Te llamaré como a las cinco, ¿te parece bien?

—Creo que sí, nos vemos. Cuenta conmigo.

—Eso sí, sin regaños, ya no aguanto uno más.

—Claro, será sin regaños. Ah, me gustaría que leyeras esto antes de vernos.

Graciela puso en manos de su amiga un recorte del diario «La Estrella de Panamá», que había mandado a copiar años atrás, cuando descubrió que su hermana era una jugadora compulsiva. Rebeca lo miró con indiferencia y lo colocó volteado sobre la mesa del comedor. Graciela movió la cabeza en señal de desaprobación, y entonces lo leyó en voz alta. «Los casinos acaban con la economía de los panameños». «Los juegos de azar se han apoderado del país». Un informe de la Junta de Control de Juegos del Ministerio de Economía y Finanzas reveló que desde que se autorizó la privatización de los casinos en Panamá operan cincuenta y tres casinos completos, salas de bingo, salas de máquinas tragamonedas, mesas de juegos, un hipódromo y las salas para las apuestas de deportes internacionales y de galgos, que reciben unos cincuenta millones de dólares en apuestas. Esto no incluye las promociones comerciales, los juegos pinta, rifas, ruletas, clubes de mercancía y bingos televisados, que son considerados juegos transitorios».

Rebeca interrumpió a su amiga, reclamándole por qué razón le leía ese artículo que en nada le concernía. Graciela no le hizo caso, sacó de la cartera, otro y leyó el título. «El juego secuestra a Panamá». Entonces Rebeca perdió la paciencia.

—¡Ya basta! ¡Me tienes harta! ¡No te metas en mi vida! Si crees que me ayudas, estás equivocada. Me aburres y me desesperas. ¡Lo que te ocurre es que me envidias, sí, me envidias!

Graciela no respondió; no tenía otra opción. Recordó, dolida, las palabras de José Ingenieros: «El que ve tiene la sagrada misión de guiar, tomando de la mano al que no ve, arrastrarlo si duda, abandonarlo si se resiste». Y para ella había llegado la hora de retirarse, en medio de los gritos de Rebeca, echándola de allí.

Cuando Graciela se fue, Rebeca envió a su suegra al supermercado. No hacía falta nada, pero ella le hizo una lista de seis artículos. Cuando se quedó sola, buscó en la biblioteca la escritura de su apartamento. La noche anterior, cuando jugó a la ruleta, se enteró de que había un prestamista que facilitaba dinero y como garantía solicitaba la escritura de una propiedad. Mauricio había transferido el apartamento a su nombre después de su aventura amorosa. Esa fue la condición que ella puso para la reconciliación. Con ese aval no le iban a negar la cantidad de dinero que solicitara y así ella aprovecharía su buena racha.

Cuando regresó, la señora Ana quiso protestar por la actitud de Rebeca, pero eso la irritó mucho, y le gritó que no la molestara.

—Pero, Rebeca, piense: imagínese si anoche mi hijo hubiera regresado de repente y usted.

—Yo qué, ¿ah? No sea atrevida, usted no es nadie para hacerme reproches, yo hago con mi vida lo que me da la gana.

—Sí, tiene razón, pero quiero mucho a mi hijo y me duele lo que le hace.

—Y no le duele lo que me hizo él a mí, ¿eso no?

—Pero ustedes arreglaron sus problemas, tengo entendido.

—Usted no sabe nada, tiene que vivir imaginando cosas. Ahora inventó que yo andaba en malos pasos por la calle.

—No se necesita mucha imaginación para saber lo que hace una mujer casada que no duerme en su casa.

—Mire, insolente, recoja sus cosas y váyase para donde su hija, o para la calle, o para donde quiera, yo no tengo por qué soportarla.

—No me iré hasta que regrese mi hijo.

—No, no, eso, no. Usted se va, antes de que la eche a patadas a la calle, ¡se larga ya!

Rebeca sabía que esa decisión iba a molestar mucho a su esposo. Él adoraba a su madre, que quedó viuda cuando él tenía cinco años, y su hermana, tres. A costa de muchos sacrificios, ella le había dado una carrera universitaria.

La señora Ana bajó la cabeza y se dirigió a su cuarto. En menos de veinte minutos recogió sus pocas pertenencias y abandonó el apartamento, sollozando.

Rebeca estaba de regreso en el casino a primeras horas de la noche. Dio varias vueltas en busca de la persona que le había hablado del prestamista. No la vio y fue hasta la cafetería para tomarse un capuchino. No había comido en todo el día y pidió un emparedado. Se lo comió de prisa y con ansiedad. Se dirigió al casino para ver si ahora tenía más suerte. En la puerta estaba la mujer que buscaba. Le preguntó por el prestamista. La mujer hizo una llamada y en menos de un cuarto de hora llegó el individuo.

—Como comprenderán, bellas damas, este es un asunto delicado que no se puede tratar en este lugar. Yo dispongo de una habitación en el hotel para estos temas.

Rebeca dudó un instante, recordando el incidente con Arturo. Entonces la mujer que le había dado la información se ofreció a acompañarla. Ya en la habitación, el hombre le preguntó:

—¿Cuánto necesita?

—Tres mil dólares —dijo Rebeca.

—No hago transacciones por menos de diez mil, si tienes una garantía acorde con esa suma.

—No necesito tanto, tengo una buena racha y estoy segura de que esa cantidad es suficiente.

—Mire, señora, no estoy aquí para perder el tiempo. O acepta mis condiciones o terminamos esta conversación en el acto.

Rebeca aceptó el convenio. Le entregó la escritura de la propiedad, firmó varios papeles y recibió a cambio varios fajos de billetes. Era su oportunidad de resarcir las pérdidas sufridas. Pero bastaron dos horas para perder el dinero en la ruleta. En esta ocasión no estaba Arturo a su lado; en cambio, la mujer que había hecho el contacto con el prestamista no se le separó ni un solo momento.

—Tu propiedad es valiosa, puedes conseguir más dinero.

Esta vez el prestamista le exigió firmar otros documentos. Ella había tomado varias copas de las que regalaban a los jugadores, y no la veía bien. La mujer que la acompañaba leyó los términos del contrato y le dijo que se trataba de un pagaré que la obligaba a saldar la deuda en cuarenta y ocho horas.

—En menos de eso me he ganado veinticinco mil. Es cuestión de volver a encontrar mi racha —y firmó con prisa el documento.

A las cinco de la mañana, tambaleándose, Rebeca abandonó el casino. Había perdido todo el dinero recibido. Primero jugó Black Jack, después probó suerte en la ruleta y, por último, jugó bacará. En esa mesa fue donde más dinero perdió.

Al llegar a la casa, Rebeca entró a su cuarto. No podía llorar; un nudo le oprimía la garganta, impidiéndole la respiración. Pero el sueño la venció en un instante. Cuando despertó, sentía hambre, comió un emparedado y volvió a dormirse; era como si en su cuerpo no hubiese energía suficiente para mantener abiertos los ojos. Esta vez fue el teléfono el que la despertó.

—Te espero en el mismo lugar que ayer a las 8 de la noche.

—¿Quién habla?

—¿Me olvidaste? Tengo la escritura de tu apartamento.

Rebeca se incorporó y casi se cae de bruces; ya parecía una costumbre aquel mareo al levantarse.

—No reconozco su voz.

—¿No? Soy Ernesto Valdés, el que te prestó los veinticinco mil dólares.

Rebeca captó de pronto su situación: no había sido una pesadilla. El tono de voz del hombre se fue elevando ante su silencio.

—Espero que no me obligues a adoptar otras medidas.

—Claro que no, iré donde usted me indica.

—Sé puntual, las tardanzas me ponen nervioso.

CAPÍTULO 2

Rebeca casi no durmió en toda la noche. Las últimas setenta y dos horas habían sido un desastre. Sin embargo, salió bien librada y su pesadilla había terminado. Solo debía unos tres mil dólares y ya convencería a Mauricio para que le diera esa cantidad. Llamó a Graciela para reconciliarse con ella. Sabía que se levantaba temprano. Le pidió perdón reiteradas veces y le rogó que se vieran esa tarde.

Cuando llegó al lugar, ya Graciela estaba allí, con una copa de sangría en la mano. A pesar de que tenía razones para estar ofendida por la forma en que ella la había tratado, sonrió al verla.

Rebeca agradeció la comprensión de su amiga; sabía que su rostro reflejaba tristeza, que su aspecto general debía mover a la compasión. Por eso se puso su mejor vestido, algo atrevido para esa hora tan temprana de la noche. De ese modo, pensaba, se disimularían un poco sus problemas. Además, no quería que Graciela tuviera que enojarse con ella, así que decidió facilitar las cosas.

—Reconozco que tengo un trastorno y quiero pedirte ayuda.

—¿Has seguido jugando en el casino?

—No, digo, sí, en realidad hasta hace poco estuve jugando, pero quiero que eso se acabe; además, mi problema es algo más complejo. Ya no es solo la adicción al juego, sino que me siento deprimida. Varias veces me he jurado a mí misma no regresar a una sala de juego, sin poderlo cumplir, pero esta vez es diferente.

—Debo admitir que eso es cierto, es la primera vez que reconoces que tienes un problema.

—Ante ti, no ha sido tan difícil después de todo; sé que tú eres la persona indicada para ayudarme.

—Esa es la punta del iceberg, reconocer la adicción. Imagino que vives un infierno y, te repito, estoy para ayudarte. Te llevaré donde el siquiatra de mi hermana. Ella, gracias a Dios, está mejor.

Rebeca sabía que podía contar con su amiga, pero no se atrevía a hablarle acerca del incidente con el prestamista. Eso jamás lo contaría a nadie. Era un peso terrible en su conciencia. ¿Qué había sido de aquel sujeto? ¿Murió por el golpe? ¿Lo asociarían a ella? ¿La Policía la estaría buscando por toda la ciudad? Sin embargo, lo primero que debía hacer ahora era curarse de su adicción al juego. Conversaron por unos minutos y Graciela prometió hacerle una cita con el siquiatra para el día siguiente. Luego se despidieron.

Eran apenas las cinco de la tarde. En la puerta de la cafetería, Rebeca se detuvo a mirar el tráfico, que era lento a esas horas. La gente pasaba frente a ella, cada quien, ensimismado en sus problemas, sin saber la angustia que se cobijaba en su pecho. Quizás cada uno de esos transeúntes, cada uno de los conductores que se afanaban por sobrepasar los otros autos para llegar rápido a su destino, también cargaba sobre sí el peso de una congoja.

De pronto se vio atraída por las luces saltarinas de un local que estaba del otro lado de la calle, y que sobresalían entre las sombras de la tarde. Era un hotel nuevo que habían abierto quizás la semana pasada, y tenía un casino, otro casino que llamaba a la gente de la ciudad a tomar parte de las riquezas que ofrecía. Y entonces, sin que lo pudiera evitar, un pensamiento la invadió por completo.

—Si voy a retirarme de esto, bien vale la pena que me juegue los pocos dólares que me quedan. Así empezaré mañana de cero y emprenderé mi nueva vida sin remordimientos.

Inició depositando monedas de veinticinco centésimos en las máquinas cercanas a la entrada. En verdad tuvo suerte, porque al rato había multiplicado varias veces su exiguo capital. Entonces se sintió valiente y decidió atreverse con su nuevo reto: el *black jack*.

A las diez de la noche abandonó el casino, con una ganancia de cuatro mil dólares. La embargaba una felicidad indescriptible: ya no tendría que pedirle dinero extra a su esposo, ya no era necesario ir a ningún siquiatra. Además, Mauricio estaría de vuelta al día siguiente.

Mauricio supervisaba las construcciones de la empresa para la que trabajaba. Eso lo hacía viajar mucho, pues tenían obras en varias partes de Latinoamérica y el Caribe. Esta vez había estado mes y medio en unas hidroeléctricas en Venezuela y Colombia. Aunque cuando estaba en el país las cosas no eran diferentes: Rebeca y él compartían poco tiempo, pues él trabajaba hasta catorce horas diarias y regresaba a casa tan tarde que casi siempre la encontraba dormida.

Mauricio llegó en el vuelo de las siete de la noche y esta vez Rebeca sí lo estaba esperando en el aeropuerto. Cuando lo vio, corrió hacia él y le abrazó tan fuerte que él se sorprendió.

—¿Qué te sucede? ¿Ocurre algo?

—No, nada, solo que me hiciste mucha falta. Si hubieras demorado un día más, no sé qué hubiera hecho.

—¿Acaso estás enferma? Te veo más delgada, pálida.

—He comido mal, he dormido poco, se me notan las ojeras, ¿verdad?

—Así es, no eres la misma.

—Es que estaba deprimida, me hacías falta. Pensé que me habías dejado. Ya estaba por ir a un siquiatra, pero preferí esperarte.

—Caramba, voy a ver si esta vez encajo en mi papel de «tu mejor medicina».

Riendo, recogieron las maletas y se fueron a casa. Rebeca condujo sin dejar de tener las manos de su esposo entre las de ella. Ambos se mantuvieron unidos en un silencio dulce que prometía renovarles el amor que a veces creyeron perdido, pero que ahora, mientras navegaban por aquel río de autos que desembocaba en la ciudad, parecía renacer como un brote después de un incendio en el bosque.

Ya en su casa, Mauricio sacó de un maletín dos regalos. Le entregó uno a Rebeca y se dirigió a la recámara de su madre, llamándola con entusiasmo.

—Ana, no está —Rebeca habló con la cabeza baja.

—¿Dónde estará a estas horas?

—Mi amor, yo le pedí que se fuera a la casa de tu hermana.

—Rebeca, bien sabes que la casa de mi hermana es pequeña, que mi madre no cabe allí.

—Pero ella también es su hija, tiene ese derecho.

—Un momento, aquí pasó algo que no me has contado.

—Es verdad, tu madre se puso insolente conmigo y no voy a permitir que nadie me falte el respeto. No más, ¿lo entendiste? Ni siquiera tú.

Mauricio se llevó las manos a la cabeza. La esperanza de que las cosas hubiesen mejorado entre ellos se desvanecía más pronto de lo que él esperaba. A lo largo de tres años había sido condescendiente con Rebeca. Ella estuvo enferma cuando descubrió que él tenía una aventura y sufrió una severa depresión. Él se arrepintió, dejó a su amante y nunca más le había sido infiel. A partir de ese día, la relación no volvió a ser la misma.

La discusión fue subiendo de tono, hasta que cayó en el lugar común. Rebeca le reclamó a Mauricio su aventura, como si el tiempo no hubiera pasado. Mauricio se sintió tan furioso y frustrado, que le gritó y ella le respondió llena de odio.

—Me fuiste infiel y me arrepiento de haberme casado contigo. Tienes a tu madre aquí para que me vigile, ¡eres un miserable!

—Entonces somos dos los arrepentidos. Estoy harto de ti, de tus celos, de tus depresiones y de tu incapacidad para disfrutar la buena vida que te doy. Yo tampoco he sido feliz, y tienes que saberlo, porque no me has podido dar lo que más anhelo: un hijo.

Rebeca levantó la cabeza; se veía tan acabada y su rostro reflejaba tanta tristeza que Mauricio quiso borrar sus últimas palabras.

—No me hagas caso, estoy enojado y por eso dije esa barbaridad.

Ella no respondió. Ese había sido su sufrimiento secreto. En los primeros años de matrimonio pensó que Mauricio era estéril; sin embargo, quiso cerciorarse y fue donde un especialista en infertilidad. El médico le diagnosticó endometriosis. Nunca se lo confesó a su esposo; temía que él la dejara. Cuando se enteró de su affaire, sus temores se incrementaron y comenzó a obsesionarse con la idea de que él buscaría a toda costa el hijo que deseaba. En innumerables ocasiones le pidió que adoptaran un niño y él respondía que ya se había resignado.

Rebeca se dejó caer en una de las sillas del comedor y Mauricio la imitó. Ella estaba como ausente. A pesar de todo, él amaba a su mujer; no en vano habían convivido quince años. Se arrodilló frente a ella, suplicándole que lo perdonara; la abrazó fuerte, tratando de consolar su llanto mientras le acariciaba la cabeza. Ella protestó, entre sollozos:

—No quiero verte más, ¿me oíste? Ya no te soporto.

Luego vino un empujón que obligó a Mauricio a separarse. Cuando la vio, se sintió sorprendido del cambio en la apariencia de Rebeca: sus cabellos en desorden, la blusa torcida, el rímel corrido, lo mismo que el lápiz de labios. Sintió pena por ella. Siempre admiró su belleza. Ahora se había transformado en una mujer patética y sombría, y quizás él tenía la culpa. Se acercó, sacó su pañuelo y le limpió el maquillaje. Esta vez no lo rechazó y, con voz casi inaudible, le dijo:

—Prométeme que nunca me abandonarás, que nunca me dejarás.

—Tú sabes mejor que nadie que nunca lo haré. Y si eso hace que te sientas mejor, tienes mi palabra. Pero quiero que tú también hagas un compromiso.

—No quiero comprometerme a nada.

—Tendrás que hacerlo si quieres mi apoyo. Voy a sacar una cita con el siquiatra y quiero que vayas.

—Tú también quieres llevarme al siquiatra, ¿qué es esto?

—¿Por qué dices eso?, ¿quién más te lo ha aconsejado?

—No me hagas caso. Está bien, iré, pero solo si me acompañas.

—Cuenta con eso.

A las cinco, cuando Mauricio se levantó, Rebeca aún dormía. Él intentó una caricia, pero se arrepintió al recordar cuán sufrida se veía, por eso la dejó seguir durmiendo. Su madre era la que siempre le hacía el desayuno y lo acompañaba a desayunar, por lo que ahora se preparó una taza de café y un plato de cereales y comió despacio, con la esperanza de que su esposa se levantara y por lo menos lo acompañara unos instantes. Después leyó los titulares de los diarios en Internet y fue a la recámara a despedirse, pero ella seguía dormida. Él le levantó la barbilla con un dedo, suavemente.

—Cariño.

Rebeca abrió los ojos y lo contempló. En ese momento supo que de veras lo amaba. Además, él no era el único culpable. Ella se había comportado peor.

—No tienes idea cuánto te quiero, Mauricio.

—Sí, la tengo, porque yo también te amo así, y un poco más. Al mediodía te llamo para decirte cuándo iremos a la cita con el siquiatra.

—Esperaré tu llamada. Y gracias por ser tan comprensivo.

Mauricio buscó su maletín y se fue a la oficina. Le esperaba una larga jornada, aunque no era su trabajo lo que le preocupaba, sino el comportamiento de su esposa.

Él sabía que estaba enferma, a punto de perder la razón, y si eso ocurría, la vida en común sería verdaderamente insufrible.

Cerca de las once, Mauricio llamó a Rebeca para avisarle que el médico los recibiría a las tres de la tarde, pero ella no contestó el celular. Eso le molestó; ella debía someterse a un tratamiento urgente si quería que la relación de ambos saliera de ese camino de subidas y bajadas en el que se encontraba ahora y que los estaba arruinando en todo sentido.

El sonido del timbre del celular interrumpió sus reflexiones. Era Ana, su madre, quien se había enterado de su regreso y quería verlo en la casa de su hermana.

—Mamá, mejor ven a mi oficina, aquí podemos conversar.

—En media hora estaré ahí.

Ana debió esperar un rato, pues su hijo estaba entregando el informe de su último viaje y luego debió responder las preguntas de un cliente en el extranjero. Cuando al fin pudo quedar a solas con él, se abrazaron. En breves palabras, trató de explicarle los conflictos vividos con su nuera.

—No te preocupes, vieja, tómate unas vacaciones; en menos de un mes regresas a la casa, yo estoy arreglando todo.

— No voy a hacerlo, hijo. No viviré más bajo el mismo techo que esa mujer. Me corrió de su casa como si fuera un perro y eso no voy a perdonárselo nunca, ¿me oíste? Nunca.

—Vieja, Rebeca está enferma, actúa así porque enfrenta graves conflictos. Ya le hice cita con el médico y te aseguro que cuando se mejore, ella misma te pedirá perdón.

Ana se levantó y recorrió la oficina de Mauricio, dándose cuenta de que no había nada que hacer. Su hijo estaba ciego de amor por su mujer y a ella solo le quedaba replegarse. Antes de irse, le dijo:

—En un principio pensé vengarme de Rebeca contándote todo lo que hace en tu ausencia. Ahora comprendo que terminarías odiándome, por eso, es mejor que te enteres por ti mismo.

Sin esperar respuesta, Ana salió contrariada. Mauricio estaba entre la espada y la pared. Adoraba a su madre, pero en ese momento quien más lo necesitaba era Rebeca. Sin embargo, una nueva preocupación se sumaba a las anteriores: averiguar qué era lo que su esposa hacía en su ausencia.

Mauricio llegó al apartamento para almorzar con Rebeca. Su esposa no estaba; cuando quiso llamarla, su celular seguía apagado. Furioso, fue a la cocina para servirse un jugo. Un charco de agua debajo de la nevera le reveló que no había corriente eléctrica. Una vez más, a su esposa se le había olvidado pagar las cuentas.

El estacionamiento del hotel estaba casi vacío; era temprano. Rebeca sabía que el casino abría a las diez de la mañana. Esa sería su despedida definitiva. El día anterior perdió todo lo que había ganado días atrás, pero esa mañana sustrajo cien dólares de la cartera de Mauricio con la seguridad de que los recuperaría con creces.

Cerca de las dos salió del casino, luego de perder todo el dinero. «Mejor así, esta mala racha me convencerá de dejar el juego para siempre», pensó. Encendió el teléfono celular y encontró cinco mensajes de Mauricio. Lo llamó enseguida y se disculpó diciéndole que había dejado olvidado el celular en el carro mientras hacía unos mandados. Él no la dejó continuar y le pidió que lo esperara en el sexto piso de la clínica, porque el siquiatra les había dado cita.

Rebeca se estacionó en la cafetería, pidió un emparedado y un café. Había rebajado veinte libras y la ropa ancha la hacía ver más delgada. Comió aprisa y se fue directo a la cita médica. Despeinada, con el maquillaje corrido y con el vestido arrugado, era la imagen viva de la desolación cuando entró en la sala de la clínica. Mauricio ya la esperaba.

Se quedó observándola de pies a cabeza. No era la mujer que él guardaba en la mente.

—¿Por qué no te arreglaste? Parece que hubieras dormido con esa ropa puesta. Además, cada día estás más delgada y descuidada. Y para colmo olvidaste pagar las cuentas y nos cortaron la luz.

—No empieces a sermonearme, ¿no te das cuenta de que estoy haciendo un gran esfuerzo al asistir a esta cita? Nunca me hubiera imaginado que tuviera que consultar a un siquiatra.

Mauricio prefirió guardar silencio, era mejor no disgustarla en ese instante. Confiaba en que el médico la ayudaría a poner orden en su vida. Cuando el especialista los hizo pasar, les preguntó que si deseaban hablar en privado, cada uno en su turno. Mauricio se opuso, afirmando que entre ellos no había secretos.

El doctor Aparicio observó el nerviosismo con que Rebeca movía las manos; además, su mirada era huidiza y errática. Habló de su depresión, de la aventura de su esposo, de su insatisfacción en la vida y de sus miedos. El médico presentía que ocultaba algo más importante.

Cuando le tocó el turno a Mauricio, este refirió cómo Rebeca había descuidado su aspecto y las responsabilidades en el hogar. También le habló de sus salidas misteriosas y de sus constantes quejas. Se había alejado de sus amistades y tenía repentinos cambios de humor. Unos días amanecía como un cascabel y otros no se levantaba de la cama, ni siquiera para asearse. Por otra parte, no tenía control con el manejo del dinero y se gastaba hasta lo destinado para pagar las cuentas.

—Doctor, esta mañana sacó dinero de mi cartera. La

descubrí por qué he advertido faltantes otras veces, ahora llevo la cuenta y sé que tomó cien dólares.

Furiosa, Rebeca se levantó de la silla y empujó a su esposo, sorprendiéndolo a él y al médico.

—¿Ahora me acusas de ladrona? Desgraciado.

—Por favor, señores, guarden la compostura — intervino el doctor.

Mauricio estaba pálido. Había cometido un error al propiciar aquellos accesos de ira en el consultorio, pero era la oportunidad de decir todo lo que los afectaba, además no estaba dispuesto a pagar eternamente por un error cometido. Su madre tenía razón, Rebeca no era la mujer de quien él se enamoró. Ella se calmó y después de una hora de charla, el siquiatra les dio cita para la siguiente semana.

Cada uno regresó en su automóvil. Rebeca condujo a alta velocidad y llegó primero, entró en la recámara y cerró con llave. Cuando Mauricio llegó, le dijo que no la molestara y que usara el cuarto de huéspedes. Como él no había almorzado ni cenado, abrió la refrigeradora y comprobó que todo se había descompuesto. Entonces recogió las llaves y salió del apartamento sin avisarle a su esposa.

Las dos semanas siguientes fueron de aparente calma. No hubo discusiones, aunque el trato entre ambos fue frío y calculado para no desbordar las pasiones. Mauricio había decidido averiguar algunas cosas por sí mismo. Su madre no fue de mucha ayuda, ella insistía en que él debía abrir los ojos y darse cuenta de que Rebeca era mala. Eso sí, le contó de las prolongadas ausencias de la mujer y de las llamadas misteriosas que recibía. También le dijo que la vio ofuscada un día porque no encontraba la escritura del apartamento.

Mauricio escuchaba todo aquello y se sentía culpable. Él la había abandonado una vez y, cuando tuvo la depresión, optó por llegar más tarde a su casa, pues le fastidiaba verla en ese estado; igual que ahora, que evitaba confrontarla para eludir discusiones.

Uno de esos días buscó en la guía telefónica hasta dar con la dirección de un detective privado que le pareció confiable, pues había sido policía durante varios años. Luego de contactarlo, se entrevistó con él y le dio la información y las instrucciones necesarias para que investigara las acciones de su mujer. Una semana después fue convocado en la oficina del detective, quien le dijo que no había mucho que investigar.

—Su mujer invierte gran parte de su tiempo libre en dos o tres casinos que están bastante cerca de su casa —y le mostró en la pantalla de su computadora varias fotografías donde se veía a Rebeca entrando o saliendo de esas casas de juegos.

El informe también explicaba que, aunque Rebeca no era una alcohólica, estaba en grave peligro de caer en esa otra adicción, pues constantemente aparecía en las fotos con un vaso de licor en la mano.

—¿Hay algún hombre involucrado en esto?

—No en la última semana, pero hay indicios de que así ha sido en el pasado reciente. Uno de los recepcionistas del hotel me informó que una noche la señora Rebeca se hospedó con un caballero y guardaron un dinero en la caja de seguridad. En la mañana, el tipo salió primero del hotel y como la habitación estaba a su nombre, pagó la cuenta y, retiró el dinero. El empleado asegura que era una suma considerable y que ella reclamó más tarde, pero que no hubo ninguna denuncia al respecto.

Mauricio no necesitaba escuchar ni una palabra más. Confrontaría a Rebeca con toda esa información y estaba seguro de que, con un poco de presión, ella confesaría todo lo que había ocultado por tantos meses. Debía ir a la oficina a atender dos clientes que lo esperaban, pero llamó a su secretaria y le pidió que inventara una excusa, pues se le había presentado una emergencia personal.

Al entrar a la casa, no encontró a Rebeca, lo que era

de esperarse. Solo eran las cuatro de la tarde y él acostumbraba a llegar cerca de las nueve.

Faltando diez minutos para las nueve llegó Rebeca. El apartamento permanecía en absoluta oscuridad. Él encendió la luz repentinamente. Cegada por el resplandor, dejó escapar un grito de angustia.

—¡¿Qué hacías sentado en la oscuridad?! —atinó a preguntar, con alivio, cuando vio que era Mauricio.

—Esperándote.

—Casi me matas del susto.

Mauricio no dijo más, le entregó un sobre y le pidió que lo abriera. Ella obedeció en silencio y lo primero que vio fue una fotografía de ella en la ruleta. Sin pronunciar palabra, sacó el informe y, mientras lo leía, no pudo contener el llanto. No tenía escapatoria. Solo le quedaba apelar a la misericordia de su esposo. Él esperaba explicaciones y ella no tenía ninguna. Había llegado la hora de revelarle su problema.

Rebeca le contó cómo había llegado al juego. Estaba deprimida y salió con una amiga a tomar un café. Después ella le pidió que la acompañara al casino a jugar un rato. Era la primera vez que entraba a un sitio así. Esa tarde ganó cuatrocientos dólares, suerte de principiante. Ahí comenzó su adicción.

Mauricio la interrumpió para preguntarle por el hombre con quien había pasado la noche. No pudo negarlo y le dijo que no significó nada para ella. Que eso también fue parte de su locura por el juego y que no tomó conciencia del acto hasta cuando culminó, pues estaba embriagada. También le contó que el hombre se aprovechó y le robó el dinero que había ganado. En ese momento recordó el incidente con el prestamista, pero lo calló; quería ver cómo reaccionaba.

Mauricio había recibido más información de la que podía procesar. Su mujer era una desconocida, pero, aun así, seguía viéndose como el auténtico culpable de todo aquello. Se acercó a su esposa y la abrazó. Por dentro sentía una furia casi incontrolable. Como hombre se sentía herido, humillado y engañado. Sin embargo, compadecía a su mujer y no era el momento para recriminaciones. De algo sí estaba seguro: Rebeca estaba enferma.

—Mañana volveremos con el siquiatra, vamos a ponerlo al tanto de esta situación. De ahora en adelante, no quiero que me ocultes nada. Te voy a ayudar para que te sometas a un tratamiento. Escucha bien: esta es la última oportunidad que te doy. Si vuelves a las andadas, me sentiré eximido de toda responsabilidad y te abandonaré a tu suerte.

Sin esperar respuesta, él se dirigió a la habitación de huéspedes, cuarto que ocupaba cuando estaban disgustados. Rebeca se quedó sentada, convencida de que tenía suerte al contar con una nueva alternativa para reconstruir su vida sobre los escombros.

No iba a aceptar una derrota, a pesar de lo hundida que se encontraba. Por encima de las piedras que maceraban su resolución de no volver a jugar, de las espinas que herían su maltrecha fe y del polvo que sepultaba sus sueños, ella tenía que agradecerle a la Providencia tener un esposo como Mauricio, que con todos sus defectos y errores era un ser humano maravilloso.

CAPÍTULO 3

Mauricio le explicó al siquiatra los resultados de la investigación sobre Rebeca, su adicción al juego, los extremos a los que había llegado y la pérdida absoluta de control. Ella permaneció en silencio, como ausente.

—Rebeca, lo suyo es un problema de adicción.

—Sí, doctor, eso lo he escuchado muchas veces.

—La ludopatía es una enfermedad complicada, porque no se trata solo de su compulsión a jugar y a probar suerte en los juegos de azar, sino que esto trae aparejada una ruina moral en el individuo; eso invade, socava y destruye todo lo que es significativo en la vida de la persona.

—Yo he vivido eso en carne viva, doctor, pero ¿puedo curarme?

El doctor Aparicio le hizo una serie de preguntas específicas para evaluar el grado de adicción.

—¿Sus pensamientos hacia el juego le permiten concentrarse en otras actividades?

—Sí, doctor, cuando me lo propongo, llevo una vida normal.

Mauricio intervino con un gruñido de desaprobación que su mujer interpretó enseguida y rectificó.

—En verdad, doctor, he descuidado mis responsabilidades y hasta mi aspecto personal.

—¿Sus deseos de jugar le trastornan el sueño?

—Sí, casi no logro dormir.

—¿Cuándo juega y se empeña en seguir hasta que gana?

—Por supuesto, continúo jugando hasta que gano o hasta que se me termine el dinero.

—Es decir, se juega hasta el último centavo que tiene.

—Sí, en una ocasión no tenía ni para la propina del valet parking del hotel.

—¿Conserva la esperanza de que puede resolver su situación económica mediante un golpe de suerte?

—Esa ha sido una motivación constante, y a veces hasta lo he logrado, pero la esperanza se esfuma. Ahora que he tocado fondo, sé que no podría lograrlo jamás, y que el juego es mi ruina y mi perdición.

—¿Le ha pedido dinero prestado a familiares o amigos para jugar?

Rebeca pensó en Graciela, y luego admitió que esa era su oportunidad de sincerarse y referir el incidente suscitado con el prestamista.

—Sí, le pedí dinero a una amiga y en otra ocasión a un prestamista que me exigió la escritura de una propiedad como garantía.

Mauricio se revolvió en su silla. El médico advirtió su furia contenida y le hizo un gesto para que se calmara.

—Dígame, ¿perdió usted su apartamento de esa manera?

—No, doctor, esa noche gané mucho dinero.

Rebeca también había notado el enojo de Mauricio y presintió todo lo que en ese momento deseaba decirle. Por eso prefirió no contar la espantosa experiencia con el prestamista.

El siquiatra conversó con ambos; les habló sobre la necesidad de subsanar viejos errores y de prevenir otros en el futuro. De manera especial, subrayó el valor de ambos al someterse a ese difícil paso de reconocer sus fallas y les advirtió que necesitaban seguir con los pasos que contemplaba la terapia.

Concluida la consulta, Rebeca le pidió a su esposo que fueran a cenar, ya que en la casa no había comida. Él asintió, con evidente pesar en su rostro.

—Quiero que mañana llames a mi madre, te disculpes y le pidas que regrese a nuestra casa.

—Así lo haré.

Mauricio se mantuvo en silencio durante la cena; estaba harto. Sentía que ni toda la paciencia del mundo era suficiente para sobrellevar los deslices de su mujer. Pero mantenía una débil llama encendida. A la mañana siguiente, Rebeca llamó a su suegra para disculparse; le costó mucho convencerla de que regresara a casa. Dos días después, Ana se mudó con sus pertenencias, en parte debido a la insistencia del propio Mauricio, quien le pidió que colaborara para ayudarlos a salir del hueco en que estaban metidos. Esa tarde, cuando Mauricio llegó del trabajo, fue su madre quien le abrió la puerta. Él la abrazó fuerte y la besó varias veces.

—Viejita, ¡qué alegría me das!, ¿no sabes cuánto te necesito en esta casa?

—Regresé solo por ti, hijo. Ella no se lo merece.

—Por favor, mamá, te lo repito. Rebeca está enferma y debemos ayudarla a recuperarse.

—Lo haré por ti hijo, solo por ti.

Al día siguiente, Rebeca y Mauricio acudieron al consultorio del doctor Aparicio para continuar con la terapia. Hasta el momento, era notoria, aunque leve, la mejoría experimentada por la mujer. El simple hecho de llegar a la aceptación y admitir que tenía un problema de adicción fue traumático, pues asumir la existencia de un problema con el juego no es fácil. Al principio, eso le trajo problemas personales importantes, como perder su amistad con Graciela. Después surgieron los conflictos familiares y personales y entró en un círculo vicioso de dependencia, de frustraciones, de reincidencias, de pérdidas progresivas de dinero y de endeudamiento. Para colmo de males, estaba involucrada en un delito grave y su vida matrimonial era un auténtico desastre. A punto de colapsar por completo, ella admitió la necesidad de ayuda.

Mauricio le preguntó al doctor Aparicio sobre el tratamiento para la afección de su esposa. Quería estar claro en lo que se avecinaba.

—La mayoría de los tratamientos contra la adicción se hacen sobre una base ambulatoria, teniendo como objetivo la abstinencia. Pero en el caso de Rebeca se necesita un control más estricto.

Luego, le informó a la pareja sobre la existencia de un Centro para el Control de las Adicciones «no tóxicas», entre las que se encontraba la ludopatía.

—En ese centro los pacientes tienen grupos de apoyo y terapias colectivas donde cada uno expone sus adicciones. El grupo no es menor de tres ni mayor de cinco personas y está coordinado por un siquiatra, una sicóloga, un sociólogo y un guía espiritual —agregó el doctor.

Al concluir la explicación, le preguntó a Rebeca si estaba interesada en formar parte de ese grupo terapéutico. Ella no respondió enseguida, no le gustaba la idea de ventilar su vida privada con extraños y así se lo hizo saber. El doctor Aparicio respondió que tenía pruebas positivas de las terapias grupales. Agregó que en poco tiempo esas personas dejan de ser extrañas para convertirse en compañeros de lucha.

Mauricio, que hasta ese momento se había mantenido en silencio, motivó a su esposa a participar, y le expuso que esa era la única, quizás la última oportunidad de curarse. Ella respondió que sí. El siquiatra le extendió un folleto con información sobre el tema y los procedimientos que debían seguir.

—Léalo con calma en su casa. Es un documento que elaboramos los coordinadores del centro. Usted verá que es una investigación seria, con seguimientos a los pacientes recuperados y un estudio profundo de los que han fracasado a pesar de la terapia. Después de leerlo, discútalo con su esposo y si tienen alguna pregunta, por favor, no duden en llamarme.

El regreso al apartamento lo hicieron en silencio. El más cansado era Mauricio; cuando llegaron al elevador, su rostro reflejaba tanta tristeza que Rebeca se sintió culpable. Le quitó la llave y abrió la puerta. Ana ya les tenía la cena preparada y cuando terminaron de comer, él se retiró a su recámara. Rebeca sacó el documento que el médico le había entregado. Constaba de una veintena de páginas y las leyó de corrido. Luego de meditar, llegó a la conclusión de que el programa la ayudaría a superar su adicción.

Mauricio se despertó más temprano que de costumbre y se dirigió a la cocina para desayunar. Al abrir la puerta que separaba el comedor de la cocina, le extrañó ver la luz encendida y encontró a Rebeca bebiendo una taza de café mientras leía unas hojas. Ella lo saludó sonriente:

—Buenos días, ¿cómo amaneciste?

—Bien, ¿y tú?

—Me desperté más temprano que de costumbre, pero estoy bien.

—¿Qué estás leyendo?

—Repasando el documento que me entregó el médico, lo he leído varias veces y estoy convencida de que el grupo de terapia me puede ayudar. Si tú estás de acuerdo, hoy mismo llamo al médico para inscribirme.

—Permíteme que lo lea antes y después tomamos la decisión en conjunto, ¿te parece?

—Está bien, no tardes mucho, quiero comenzar a atenderme de inmediato y tengo mucho miedo de tener una recaída.

—No te preocupes, antes del mediodía lo habré terminado.

—Hasta que lo hagas, no saldré de la casa para evitar tentaciones, no quiero volver a decepcionarte.

—Gracias, eso suena coherente; pero quiero que lo

hagas en primera instancia por ti misma; reconstruye tu vida y vuelve a ser feliz.

—Es lo que pretendo, pero para lograrlo necesito tu ayuda.

—No tengas dudas, sabes que cuentas conmigo.

A media mañana él la llamó; había leído el folleto y estaba entusiasmado con las oportunidades que se ofrecían.

—Me pareció interesante y con buenas posibilidades de recuperación para los pacientes. Por mi cuenta, hice otras investigaciones en sitios de Internet en donde confirmé que este mismo programa ha dado excelentes resultados en España, Portugal y Francia.

—Entonces, ¿puedo inscribirme?

—¿Crees que ya estás lista para hacerlo?

—No sé si estoy lista o no, pero lo necesito con urgencia.

—Te sugiero que vayamos a la consulta del médico para que disipes cualquier duda y, si después estás conforme, te inscribes.

—¿Te parece bien si hacemos cita para mañana? Recuerda que el médico dijo que me atendería cuando lo necesitara.

—Ya tenemos cita para hoy mismo, hablé con el doctor y nos recibirá a las cuatro.

Lo primero que Rebeca le preguntó al médico fue si Mauricio podría estar presente en las sesiones. El siquiatra le respondió que no, ya que el programa de sesiones era solo para los adictos. Odiaba esa palabra; sin embargo, era parte del proceso de aceptación. Rebeca era una adicta y no había lugar para eufemismos. También le preguntó al médico sobre el nivel de discreción de los participantes y él respondió que, cuando ingresan al programa, se comprometen a guardar absoluta reserva de lo que ahí se trate.

Absueltas todas las interrogantes de Rebeca, ella quedó convencida de que el programa le sería de gran ayuda. Llenó el formulario y, aunque estaba nerviosa, una amplia sonrisa iluminaba su rostro al terminar. El siquiatra la contempló en silencio. Sabía que era una mujer en situación extrema, pero poseía la valentía y la fortaleza necesarias para enfrentar su infortunio con esperanza. En esos momentos sintió compensados todos los sacrificios realizados en los últimos diez años de trabajo continuo para ayudar a las personas con adicciones.

Quien los hubiese visto llegar, así abrazados, habría pensado sin dudas que Rebeca y Mauricio constituían una pareja en la plenitud de la felicidad. Sin embargo, debajo de su renovada esperanza había un sufrimiento que ambos creían desterrar dentro de poco. Él la ayudó a preparar una maleta con las prendas principales que necesitaría durante su terapia y ya estaban a punto de irse a la cama cuando sonó el teléfono de Rebeca.

—¿Quién será a esta hora?

—No sé, fíjate a ver quién es.

—Es un número no identificado, mejor lo apago.

—Podría ser el doctor Aparicio, o alguien del centro. Contesta, mujer.

—¿Sí? Buenas noches.

Del otro lado se escuchó una voz que salía de la peor de las pesadillas de Rebeca.

—Hola, Rebeca, le habla Ernesto Valdés, ¿se acuerda de mí? ¿O al menos se acordará de nuestra cuenta?

CAMILA

CAPÍTULO 1

Esa mañana, como muchas otras, tuve que hacer un gran esfuerzo para levantarme de la cama. Cada día me sentía más agobiada por la rutina de una vida vacía. A mi mente llegaron las imágenes de la noche en que Ramiro me pidió el divorcio. Desconocía que desde hacía dos años él tenía una amante. Estaba en la cocina preparando la cena cuando él llegó y me avisó que cenaría fuera. Le dije que me arreglaría en unos minutos, pero él, en tono burlón, respondió que iría solo, pues siempre lo avergonzaba con mi comportamiento. Agregó que cada día estaba más espantosa y que le provocaba asco. No tuve tiempo de responderle.

Cuando reaccioné, ya Ramiro se había ido, dejando la puerta abierta. Nunca pensé que me abandonaría, aunque en dos ocasiones me golpeó. Nunca lo confronté, aceptando su maltrato e insultos sin discutir. Jamás lo comenté con nadie porque, como muchas mujeres, pensaba que los trapos sucios se lavan en casa.

Pero ahora, toda esa ira contenida estalló como una olla de presión. Me acerqué a la mesa de centro, tomé una figura de cerámica italiana y con ella me golpeé el ojo izquierdo. En agresiones anteriores, él siempre me daba un puñetazo en ese ojo. Grité como una loca, y volví a darme otro golpe, ahora en la cabeza, con la clara intención de romper el adorno, que resistió ese y otros dos golpes más. La sangre me corría por el rostro, el edema del ojo me impedía ver con claridad y los golpes estaban a punto de hacerme perder la conciencia. El olor a sangre me enardecía. Volteé los muebles, pateé las sillas y quebré todos los adornos. Arranqué una pata a la mesa del teléfono y destruí los cuadros que colgaban en la pared de la sala comedor. No tenía idea de dónde provenía toda esa fuerza. Estaba en mi propia zona de guerra y, por primera vez en la vida, yo y solo yo iba a salir triunfante. Trastabillando, llegué hasta donde había quedado el teléfono, marqué el 104 y pedí ayuda. Era la primera vez que me expresaba con tanta rabia.

Al otro lado de la línea, una voz, que se identificó como un sargento, me preguntó qué deseaba. Primero le di la dirección y después le dije que mi marido había intentado asesinarme. En menos de quince minutos, los policías llegaron y entraron por la puerta que aún permanecía abierta. Me encontraron tirada en el suelo, en medio de un charco de sangre. Uno de los policías llamó a una ambulancia.

—Mi esposo me abandonó y cuando le pedí explicaciones, me golpeó. Creo que quería matarme.

El oficial tomó los datos de Ramiro e inquirió:

—¿Sabe dónde podemos encontrarlo?

Sabía cuál era su restaurante favorito e imaginé que estaría allí. Les di el nombre y la dirección del local y los agentes llamaron para transmitir esos datos. Poco tiempo después llegó la ambulancia y me llevó al hospital, donde fui tratada como víctima de violencia conyugal, sobreviviente de un intento de homicidio.

Después de curar mis lesiones, el médico me dio de alta. Sabía que un poco de hielo disimularía las marcas de los golpes. Lo importante era que el informe ya reposaba en la oficina de la Dirección de Investigación Judicial. En verdad, mis heridas sanarían, y en unas semanas no quedarían huellas de lo ocurrido, pero Ramiro no podía decir lo mismo.

Cuando lo fueron a arrestar, delante de todo el que asistía aquella noche a ese restaurante tan popular, le informaron que los cargos eran por agresión conyugal. Él sabía bien que esa vez no había alzado la mano contra mí, por lo que discutió con los policías, quienes no dudaron en caerle encima para esposarlo. Fue todo un escándalo; al día siguiente varios periódicos reportaron el incidente, publicando fotos cedidas por media docena de comensales que cargaban sus celulares listos para captar imágenes de la violenta detención del escritor Ramiro Garrido.

Nunca imaginé que la venganza me haría sentir reivindicada. Mi humillación no era nada, comparada con la de Ramiro, pensé al ver su foto en la primera plana de los diarios. Me cuidé de conservar intacta mi versión, de hacer bien mi papel de víctima.

El abogado de Ramiro logró que lo liberaran bajo fianza, y con impedimento de acercarse a nuestro hogar. Me negué a recibir sus constantes llamadas, y cada vez que veía su número en el identificador telefónico, dejaba el teléfono sonar. Pero a él se le ocurrió llamarme desde un teléfono público y, como no reconocí el número, contesté.

—¿Cómo fuiste capaz de acusarme de algo que no cometí?

—Esta vez valió por todas las veces anteriores que sí lo hiciste. Además, no tengo nada de que hablar contigo. Dile a tu abogado que se comunique con el mío. Ahora soy yo la que quiere divorciarse. ¡Canalla, maltratador de mujeres!

Ramiro no se dio por vencido y fue a visitarme, pese a la fianza existente. Con la llave que aún conservaba, abrió la puerta. Yo me encontraba leyendo en una de las sillas del comedor y me sorprendí al verlo. Al principio lo amenacé con llamar a la Policía, pero él me convenció de que solo quería hablar conmigo unos minutos. Recordó los primeros años de nuestro matrimonio, y me pidió perdón por sus fallas. Con genuino arrepentimiento se dirigió a mi corazón, hasta convencerme de que las cosas entre nosotros podrían ser de otra manera. Hicimos el amor y, al contrario de otras ocasiones, esta vez fue gentil. Pero algo afloró en mí después del acto, y quizás también en él, porque yo lloré como si me hubieran violado y él regresó por donde había venido, como si todo hubiese sido un error, o un mal sueño. Allí me quedé, tendida, pensando en toda la soledad que tenía por delante. Necesitaba que alguien me abrazara, que me dijera cosas ardientes al oído, cosas sinceras, que me buscara como si yo fuera un refugio bajo el cual ampararse.

El descrédito para Ramiro fue devastador y decidió dejar definitivamente a Camila. Días después firmaron el divorcio y ella retiró la denuncia, porque ya no tenía caso. Hasta hacía poco, Camila pensaba que la relación entre ellos había mejorado. Una semana antes, Ramiro le entregó siete relatos para que los revisara, pues pensaba publicarlos. Ramiro Garrido siempre soñó con ser un prominente escritor, escribir un *best seller*, pero hasta ahora solo le habían publicado sus escritos en unas cuantas revistas y periódicos. Durante años había estado enviando esos relatos a más de diez editoriales, y cada vez que se los rechazaban volvía a pedirle a Camila que los revisara, que identificara dónde estaba el punto débil de sus escritos.

Él escribía relatos cortos, el más largo que hizo no llegó a más de ocho páginas. Camila, profesora de español, revisaba y corregía la escritura de los cuentos, pero no era mucho lo que podía hacer sobre su estructura o contenido. En realidad, le parecían historias sosas, sin belleza literaria ni auténtico interés argumental. No obstante, siempre le achacó la culpa a Camila de su fracaso como escritor.

El reloj de pared marcaba las cinco de la mañana. Tenía que dictar una clase en la universidad a las siete en punto y yo siempre era puntual. Esa es una de mis pocas virtudes. Cuando ya estaba lista para salir, el timbre del teléfono me detuvo. ¿Quién llamará a estas horas?, me dije...

Desde que mi esposo me abandonó, había adquirido la costumbre de hablar sola. La llamada era de Matilde, profesora y compañera de trabajo, advirtiéndome que no llevara el carro, ya que había indicios de protestas estudiantiles.

—Esas malditas protestas me tienen harta. Treinta estudiantes revoltosos le fastidian la vida a setenta mil que sí desean estudiar.

Como resido cerca de la Universidad Nacional, decidí ir caminando. Por otra parte, el ejercicio me ayudaría a perder peso. En los últimos años, había aumentado setenta libras. Al verme, nadie creería que años atrás pesaba ciento veinticinco. Recordé mi juventud, era bellísima y estuve entre las favoritas del concurso Miss Panamá. Esa experiencia fue una de mis primeras decepciones, ya que un día antes del concurso mi madre me obligó a retirarme.

Antes de llegar a la universidad entré en una farmacia a buscar unas gotas para los ojos. La noche anterior había llorado y los tenía irritados. Mientras esperaba, me vi reflejada en el espejo del departamento de cosméticos y observé que mi rostro todavía conservaba algunos rasgos de su antigua belleza. Estaba segura de que si rebajaba unos kilos, luciría mejor. Pero sin maquillaje, con los ojos enrojecidos e hinchados, el cabello reseco y cortado casi como un hombre, el cutis flácido e incoloro, mi apariencia era la de una paciente en decadencia. Cada día me veía peor. Por esa razón eliminé los espejos en mi casa cuando Ramiro me abandonó. La dependiente interrumpió mis pensamientos.

—¿Qué desea?

Pedí el colirio y salí aprisa. Cuando llegué a la universidad, Matilde me dijo que un estudiante le había contado que iban a protestar contra las reformas al Código de Trabajo y que el cierre de calles iba a ser violento y que esta vez no permitirían que la Policía los reprimiera como la vez anterior.

—¿Sabes, Camila? El chico me dijo que, si los provocan, están dispuestos a mandar a uno de los policías al mismísimo infierno. Me da la impresión de que en esta oportunidad puede haber muertos.

—No digas eso que me pones nerviosa. Espero que esta protesta no pase a mayores.

Cuando los estudiantes salieron a protestar, fueron violentamente reprimidos. Todo comenzó cuando uno de ellos tiró una bomba molotov que impactó a uno de los policías. El agente se debatía entre la vida y la muerte. Matilde llegó al salón de clases a darme la noticia. Les solicité a los estudiantes que abandonaran el aula y les recomendé que tuvieran mucho cuidado al salir del campus. En el momento en que me retiraba, uno de los policías que vigilaba la puerta de salida me detuvo para solicitarme mi identificación. Me puse nerviosa y el policía me explicó que tenían información de que había personas infiltradas. Enfurecida, le grité:

—¿Insinúa usted que soy una delincuente?

—Mire, señora, se me va calmando que yo solo cumplo con mi deber.

—¿Es su deber ultrajar a los profesores de esta universidad? ¿Cuándo carajo, nos ha visto cerrando las calles?

El policía perdió la paciencia y me empujó con fuerza, solo la pared de la fachada del edificio impidió que cayera. La ira estalló en mi pecho con una fuerza arrolladora y grité improperios, sin poderme contener. El agente me esposó y a empellones me obligó a subir al autopatrulla. Justo en ese momento llegó el doctor Eloy Castro, decano de la Facultad de Humanidades, y le exigió al agente que me liberara. Mi agresividad había disminuido. Jamás había visto al decano tan disgustado. Después de una acalorada discusión, el policía me liberó.

—¿Dónde tienes el carro?

—No lo traje.

—Te llevaré a tu casa, estás nerviosa y no debes andar por ahí en ese estado. Espero que no sea cierto lo que me dijo el policía, ¿acaso lo provocaste?

—Tú me conoces desde hace muchos años y sabes que soy una mujer sensata y responsable, pero no iba a permitir que ese desgraciado abusara de mí.

—Tranquila, ya pasó.

En el trayecto a la casa guardé silencio. Recordé cuando conocí a Eloy. Fue el día de nuestra graduación; yo era licenciada en español y él terminaba una maestría en Lingüística. Años después, él me motivó para que tomara esa misma maestría. Él se fue a estudiar el doctorado en la Universidad Complutense de Madrid y yo me casé con Ramiro. Nunca olvidaré el día en que me despedí de Eloy. Él me pidió que lo llevara al aeropuerto y se empeñó en que nos fuéramos cuatro horas antes. Esa noche me declaró su amor y me pidió que lo esperara. Dos años se pasan rápido, afirmó. Cuando le confesé que estaba enamorada de Ramiro Garrido, un empleado administrativo de la universidad, Eloy no se contuvo y describió a su rival como un hombre mediocre y sin futuro. Disgustada, le respondí que estaba celoso y que su opinión no era objetiva. Él se disculpó y me solicitó que no perdiéramos la comunicación. Prometí escribirle, pero durante esos dos años casi no supimos el uno del otro.

—¿Por qué vas tan callada?

—Recordaba el día en que te despedí en el aeropuerto, cuando te fuiste a hacer el doctorado en España.

—Mujer, han pasado tantos años. ¿Alguna vez has pensado lo que hubiera sido de nuestras vidas si nos hubiéramos casado?

—No, nunca lo pensé.

Mentí, muchas veces me hice esa pregunta y estaba segura de que mi vida hubiera sido diferente. Dos años después de que me casé, Eloy también lo hizo y eligió bien. Se casó con una pediatra y fueron felices, hasta que ella murió en un accidente tres años después de la boda. Él no se había vuelto a casar.

Me separé de mi marido a los quince años de matrimonio. Para entonces, yo no trabajaba y él no quiso darme un centavo. Me retó a que lo llevara a los tribunales. Entonces Eloy me ofreció una plaza en la cátedra de español, aunque no tenía la experiencia suficiente, pese a mis méritos académicos. Fue de gran ayuda para mí su intervención.

Al llegar a la casa, le pregunté si deseaba bajarse.

—Lo lamento, no puedo, tengo reunión con el rector. Recuerda que estoy en el consejo académico.

—¿Crees que vayan a cerrar la Universidad?

—Dalo, por hecho, ya sabemos que este rector es dado a suspender las clases por cualquier protesta.

—Por favor, avísame la decisión que tomen. Voy a estar en casa.

—Así lo haré. Cuídate mucho.

Me sentía deprimida, el encuentro con Eloy había removido recuerdos. ¡Qué diferente hubiera sido mi vida con él! Ramiro me había hecho sufrir muchísimo y los momentos felices fueron escasos. El noviazgo fue interrumpido varias veces por sus aventuras y siempre era él quien terminaba la relación. El peor de mis sufrimientos fue cuando enamoró a mi hermana Aída y lo que más me dolió fue que mi propia madre aceptó esa traición y que le permitió cortejarla. Aída siempre fue su preferida y ella vivía para cumplirle todos sus caprichos. Mi padre ya había muerto, pero dudo que me hubiera apoyado. Esos meses en los que Ramiro mantuvo relaciones con mi hermana fueron un verdadero suplicio para mí.

Todavía mantengo vivo el recuerdo de aquella fiesta de Año Nuevo, cuando mi madre me pidió que los acompañara. Por supuesto, me negué y me acosté a dormir a las nueve de la noche. A las cuatro, mi madre me despertó a gritos: la pareja había tenido un accidente.

Cuando llegamos al hospital, el médico nos informó que Aída acababa de morir y que Ramiro estaba malherido. Como era de esperarse, mi madre me culpó por la muerte de su querida hija y dijo delante de todos que ojalá hubiera sido yo la muerta.

Matilde fue a visitarme cuando se enteró de que había sido arrestada y de que el decano había exigido mi liberación. La hice pasar.

—No llores, mujer, gracias al doctor Castro, no te encarcelaron.

—No lloro por eso, amiga. Recordaba lo triste que ha sido mi vida.

—Olvídate del pasado, siempre estás en lo mismo, recordando lo mucho que has sufrido y no te das cuenta de que cada vez que rememoras el dolor que has experimentado vuelves a sentirlo.

—No puedo evitarlo.

Matilde guardó silencio. No era el momento de hacerle reproches a su amiga. Como sicóloga sabía bien que Camila tenía complejo de víctima. Reconocía que había sufrido mucho, pero esa no era razón para vivir en un lamento constante. Su amiga se estaba quedando sola, pues la mayoría de la gente huye de este tipo de personas por la sencilla razón de que la tristeza se contagia.

Matilde conoció a Camila en la secundaria cuando ambas tenían catorce años. Nunca comprendió la inseguridad de su amiga. Lo tenía todo: dinero, posición social, inteligencia y belleza. Pero cuando se enamoró de Ramiro, ella cambió. Siempre se le veía triste y, después de la muerte de su hermana, jamás volvió a sonreír.

Las dos amigas empezaron a intercambiar recuerdos. Pronto llegó el tema central en la vida de Camila. Ramiro. Matilde le comentó que se había enterado de que él se había separado de su segunda esposa.

—¿La dejó él? —preguntó Camila.

—Sí, pero no sabes lo mejor de esta historia.

—Cuéntame.

Matilde hizo una pausa y le pidió agua a su amiga.

—¿No prefieres un trago?

—La ocasión lo amerita. Te aseguro que lo que te voy a contar te va a alegrar.

—Entonces abriré una botella de vino.

Camila regresó de la cocina con el vino, sirvió ambas copas.

—No brindemos todavía, espera que te cuente por qué Ramiro le pidió el divorcio a su actual esposa.

—¡Habla de una vez por todas!

Matilde hizo otra pausa y dijo que era mejor brindar antes. Lo hicieron y Camila, expectante, le hacía señas con la mano para que se apresurara.

—La mujer lo traicionó con su ginecólogo.

—¿Cómo? ¡Qué dices!

—Sí, amiga. Los sorprendió en el consultorio. Él comenzó a sospechar que su mujer iba todas las semanas a citas con el médico. Una de esas tardes, la siguió y esperó un tiempo prudencial. Se dio cuenta de que la secretaria salía, pero no cerró con llave. Entonces, Ramiro aprovechó para entrar y fue así como los sorprendió.

—¿Cómo te enteraste?

—La secretaria del médico regresó a buscar el dinero del depósito que había olvidado y se encontró con la trifulca.

—¿Y quién te lo contó?

—Eso es lo que menos importa.

Camila se sirvió otra copa y se preguntó por qué no se alegraba del castigo de Ramiro. Ya no sentía nada por él. Matilde respetó el silencio de su amiga, pero le intrigó su enigmática actitud y por esa razón le preguntó:

—¿Todavía lo quieres?

—De ninguna manera, no creo que vuelva a quererlo a él ni a nadie. El dolor me secó el corazón.

—¡No seas dramática!

—No lo soy, él me hizo mucho daño, tú, mejor que nadie, lo sabes.

—Hay mujeres masoquistas.

—Ese no es mi problema.

—Tu problema es otro y te lo he dicho muchas veces. Tienes una adicción afectiva.

—No inventes pendejadas.

—No te disgustes. Si me hicieras caso, podría ayudarte.

—No me digas que vaya a un siquiatra, lo que menos necesito en estos momentos es a un loquero hurgando en mi vida.

—Cualquiera que te oiga diría que eres una mujer primitiva.

—Por favor, cambiemos el tema y evitemos un disgusto.

—Está bien, pero el día que te decidas me avisas y te reservo cita con el mejor.

Matilde cambió la conversación y, por más esfuerzos que hizo para que su amiga se riera, no lo consiguió. Sus caracteres eran tan distintos. Ella alegre y entusiasta, Camila, melancólica e indiferente. En cierta forma, la amistad de ellas se fundamentaba en el contraste. La situación económica de Matilde era solvente y la de su amiga, precaria.

Matilde abrió su cartera y le entregó un sobre a Camila.

—Este es un regalo, por favor, no lo rechaces.

Camila abrió el sobre. Era un certificado, el pago de la membresía de seis meses en el mejor gimnasio del país. Levantó la mirada y movió la cabeza como señal de desaprobación.

—Prométeme que vas a ir. Eso te ayudará a bajar de peso y a combatir la depresión.

Camila le prometió a su amiga que iría al gimnasio por lo menos esos seis meses y Matilde también le solicitó que se arreglara un poco.

—Amiga, Eloy sigue soltero y siempre estuvo enamorado de ti.

—No seas loca, ¿sabes una cosa?, serías una excelente novelista.

Matilde sonrió y se despidió, ya era tarde y al día siguiente ambas tenían que trabajar. Esta vez el rector no había suspendido las clases.

Al guardar el sobre con el certificado del gimnasio, Camila se dio cuenta de que había una tarjeta. Tenía un poema de un autor desconocido:

Aunque sientas el cansancio,
aunque el triunfo te abandone,
aunque un error te lastime,
aunque una traición te hiera,
aunque una ilusión se apague,
aunque el dolor queme tus ojos,
aunque ignoren tus esfuerzos,
aunque la ingratitud sea la paga,
aunque la incomprensión corte tu risa,
aunque todo parezca nada.
Vuelve a empezar.

Horas después de que Matilde se había retirado, Camila la llamó por teléfono para agradecerle el regalo y la tarjeta. Volvió al mismo tema de conversación. Matilde, como sicóloga, comprendía la enfermedad de su amiga.

—Debes olvidar a Ramiro; si no, vas a sufrir una despersonalización hasta convertirte en un anexo de él.

—¿No te das cuenta de que, sin él mi existencia no tiene sentido? Vivo por él y para él. Él lo es todo para mí. Es lo más importante de mi vida. No sé qué hacer sin él. Lo necesito.

—No digas locuras. Hace un rato, me dijiste que no lo querías y que se te había secado el corazón. Y ahora me vienes con el cuento de que no puedes vivir sin él. Reacciona. ¿No te das cuenta de que la dignidad no es negociable? Además, depender de la persona amada es una manera de enterrarse en vida, donde el amor propio,

53

el autorrespeto y la esencia de uno mismo se ofrendan irracionalmente.

Camila no respondió.

—Esa es una forma de rendición guiada por el miedo con el único fin de conservar la relación —agregó Matilde.

Camila permaneció en silencio.

—¿Me estás escuchando?

—Perdona, recordaba algo que me pasó.

—De seguro no fue nada bueno.

—¿Y cuándo a mí me sucede algo bueno?

— ¿Sabes por qué pasa eso? Porque solo esperas tragedias. Ni siquiera te das cuenta de que cuando narras alguno de tus problemas, te regodeas en el dolor. Sientes cierto placer malsano cuando recuerdas tus sufrimientos. Estás empantanada en un camino regado con lágrimas. Por Dios, Camila, despierta y libérate.

—No digas tonterías. Yo desearía ser feliz.

—Pero no haces nada para lograr la felicidad.

—¿Insinúas acaso que quiero ser desgraciada?

—Creo que sí, buscas motivos para sentirte desdichada.

Camila cerró la comunicación con su amiga y abrió la Biblia para leer un rato. Su libro favorito, el cual leía casi todos los días, era el de Job. En cierta forma sentía consuelo en las innumerables tragedias que le acontecieron.

«Y si fuera cierto lo que dice Matilde, que encuentro satisfacción en recordar lo mucho que he sufrido?», reflexionó.

Enseguida desechó ese pensamiento. Igual que Jesús y Job, ella vivía su propio viacrucis.

Casi todos los días recuerdo el momento en que Ramiro terminó nuestro noviazgo para pretender a mi hermana. Mi madre no se opuso, a pesar de que le dije que estaba esperando un hijo. Me gritó que era un invento para frustrar la relación de mi hermana. Ese mismo día decidí abortar y en los días de soledad muchas veces me pregunté si ese hijo que maté hubiera sido mi salvación.

En innumerables ocasiones confesé el mismo pecado, y el sacerdote me decía, una y otra vez, que Dios ya me había perdonado, y que ahora me tocaba a mí perdonarme. Esa desgracia marcó mi vida y ocasionó un vacío inmenso en mi alma desgarrada. Entonces recordé las palabras del padre Ángel cuando me aconsejaba que me centrara en la resurrección:

—Sin resurrección, el viacrucis hubiese sido en vano. Porque la Resurrección significa esperanza, no dolor, ni culpa, ni agonía. No podemos hacer énfasis en explotar nuestros sentimientos de culpabilidad como se hace en el viacrucis. Somos una sociedad que se va convirtiendo en adicta al dolor, al sufrimiento y a la culpa. Por ello, cada vez con más frecuencia se explota la muerte de Cristo y no su victoria sobre ella, que es finalmente lo que le da sentido al cristianismo como tal. No seas una cristiana de sepulcro vacío.

Siempre consideré que el padre Ángel era un poco radical en sus expresiones; también sabía que era uno de los pocos que me soportaba. El otro sacerdote de la parroquia, en cuanto me veía, decía:

—Si vienes con lo mismo, no te voy a atender, ¿hasta cuándo arrastrarás las cadenas del sufrimiento?

Entonces, no tenía otro remedio que buscar al padre Ángel. Él me confortaba y me escuchaba con paciencia y amor. Cuando me quejaba de sus regaños, él sonriendo me decía:

—No es regaño, es corrección fraternal.

El padre Ángel me regaló un libro de salmos que con su propia letra había copiado: «Dios, concédeme la serenidad para cambiar las cosas que puedo cambiar. Valor para aceptar aquellas que no puedo cambiar y sabiduría para discernir la diferencia». Nada de lo que había sucedido lo podía cambiar. En una ocasión el padre afirmó, que ni Dios con su poder omnipotente, podía cambiar el pasado. El sacerdote me dijo que el sentimiento de culpa suele obrar como una forma de autocastigo que apunta directo al corazón, donde se ataca a la persona y no al pecado. Y que era sano reemplazar el sentimiento de culpa por la responsabilidad, asumiendo el deber de la reparación.

Entré al gimnasio con poco entusiasmo. Entregué el certificado de afiliación por seis meses y solicité que me asignaran una entrenadora. El encargado dijo que en esos meses la matrícula era elevada y solo había cupo con Ernesto, uno de los entrenadores. Iba a retirarme cuando recordé la promesa que le había hecho a Matilde. El gerente del gimnasio me presentó al entrenador y el joven me citó para el día siguiente a las cinco de la tarde. La rutina era una hora de ejercicios, tres veces por semana. El tiempo se me pasó en un abrir y cerrar de ojos y, aunque en un principio pensé que no iba a bajar de peso, la realidad fue diferente. El entrenador resultó ser un dictador y no me daba descanso ni aceptaba excusas. En menos de dos meses me acostumbré a la rutina y, como llegaba tan cansada a la casa, casi no cenaba. Los días que no podía ir al gimnasio, caminaba por los alrededores de la casa. Fue así como bajé cincuenta libras. Matilde estaba feliz y no se cansaba de decirme que comprara ropa acorde con mi talla actual.

Mi aspecto físico era deplorable: La ropa ancha. Sin maquillaje y despeinada. Lo único que hacía era asearme. Una de esas noches que andaba en fachas, me detuve en la farmacia para comprar unos medicamentos. Cerca de la caja la vi. La exmujer de Ramiro me miró de arriba abajo y, en voz alta, le dijo a la amiga que la acompañaba:

—Ese es el esperpento con quien Ramiro estaba casado.

Al escucharla, sentí ganas de que me tragara la tierra y lo que más me enardeció fueron las carcajadas de ambas mujeres. Me acerqué y, sin contener la furia, le respondí:

—¡Cállate, zorra!

La mujer de Ramiro palideció, tomó a su amiga por el brazo y salieron a toda prisa. Era la primera vez que me defendía de las múltiples humillaciones que me causaba mi rival. Antes de salir, me hice la promesa de que a partir de ese instante no iba a dar motivos para que la gente se burlara de mi aspecto.

Al día siguiente temprano salí de compras. Cuando terminé, fui al salón de belleza y me arreglé el cabello: corte, tinte y peinado. Además, me maquillaron. Llegué a casa, descansé un par de horas y fui a visitar a Matilde. No quise anunciarme para sorprenderla y por suerte la encontré en casa. Ella misma abrió la puerta.

—¡Jesús alabado! ¡Pareces otra persona! Te ves bellísima. Con la ropa ancha no se te notaba lo mucho que has rebajado.

Matilde me invitó a que saliéramos a tomarnos una copa.

—Que no sea en un bar.

—Podemos ir a un restaurante, pedimos unas boquitas y bebemos unos tragos.

—¿Unos tragos?

—Una copa.

Matilde invitó a su amiga a su restaurante preferido y Camila estuvo divertida. Por primera vez en muchos años, conversó con ánimo y sin regodearse en el dolor. Ezequiel, un amigo de Matilde que también concurría a ese lugar, se acercó a la mesa. Ella hizo las presentaciones y él preguntó si las podía acompañar. Camila iba a protestar, cuando su amiga, por debajo de la mesa, le golpeó la pierna para que no dijera nada.

Cerca del restaurante había un piano bar y Ezequiel las invitó. Camila dijo que tenía que retirarse.

—Por favor, mujer, no seas aguafiestas, y vayamos un ratito —comentó Matilde.

Camila aceptó y, mientras veía a las parejas bailar, se preguntó cuántos años hacía que no bailaba. Como si adivinara sus pensamientos, Ezequiel la invitó a bailar.

—Hace mucho tiempo que no bailo y no sabría cómo hacerlo.

—Eso es como montar en bicicleta, nunca se olvida.

Ezequiel era un excelente bailarín y rápidamente se acoplaron. Matilde estaba encantada, su amiga se veía radiante. Camila perdió la noción del tiempo y cerca de las tres de la madrugada, Matilde le recordó que tenían que irse. Ezequiel se ofreció a acompañarlas y Matilde le pidió que llevara a Camila para no tener que desviarse.

Cuando llegamos a la casa, Ezequiel me abrió la puerta del automóvil y me acompañó hasta la entrada. En broma me preguntó si no pensaba invitarlo a tomarse un café.

—Perdona, es tarde. En otra ocasión.

Ezequiel se dio cuenta de que yo no había percibido su tono de broma y sonriendo se acercó para besarme en la mejilla. Estaba nerviosa y temblaba como una hoja.

Cuando entré a mi casa, el timbre del teléfono sonó y supe que era Matilde.

—Imagino que Ezequiel iba a cinco kilómetros para estar más tiempo contigo.

—Cuéntame, ¿quién es él?

—Es abogado, socio de mi exmarido.

—¿Está casado?

—No, es viudo. Su mujer murió de cáncer hace tres años.

—¿Tiene compromiso?

—Eso no lo sé. Te toca a ti preguntarle si se vuelven a ver.

—Me invitó a salir.

—Eso significa que quedó flechado.

—No lo creo, le caí bien, eso es todo.

—Ya veremos, te deseo suerte.

CAPÍTULO 2

Ezequiel pasó a buscarme, me invitó a almorzar y luego al cine. Cuando salimos del cine, me preguntó si deseaba ir a otro lugar.

—Hemos estado muchas horas en la calle.

—Sí, la hemos pasado bien, por lo menos en lo que a mí concierne.

—Yo también me he sentido a gusto, pero no quiero que te aburras.

—Nunca me aburriría contigo.

Consideré que era el momento de preguntarle si tenía compromiso y así lo hice. Él respondió que, aunque salía con varias amigas, no tenía nada serio con ninguna.

—¿Y tú?

—Ni amigos, ni compromisos.

—¿No tienes amigos?

—Te voy a ser sincera, no creo mucho en la amistad entre personas de diferente sexo.

—No seas atrasada. Mis mejores amigas son mujeres.

—¿Y sales con ellas?

—Sí, salgo con ellas, pero no me acuesto con ninguna.

Comprendí mi indiscreción y le pedí disculpas. Él respondió que solo me perdonaría si le daba un beso.

Cuando llegamos a mi casa, lo invité a pasar. Ezequiel se sentó en el sofá, mientras yo preparaba el café.

—Te debía un café, ¿recuerdas?

—No, me debes un beso —dijo él sonriendo.

Ezequiel se levantó, puso las tazas de café en la mesa, me abrazó y me besó en plena boca. Le correspondí con timidez. En diez años de divorciada no había tenido ninguna relación amorosa. Se lo comenté y él preguntó la razón.

—Mi relación anterior me dejó herida y no quiero volver a sufrir.

—¿Y quién te ha dicho que vas a sufrir? El amor no tiene por qué causar dolor. Todo lo contrario.

—Me da miedo entregarme y que esa persona me decepcione.

—Si me amaras a mí, eso no pasaría.

—No soportaría un nuevo desengaño.

—No te cierres al amor, porque si lo haces nunca tendrás la posibilidad de ser feliz.

Ezequiel se despidió pasadas las doce de la noche. Sin poder contener la emoción, llamé a Matilde, quien me contestó entre dormida y despierta.

—Me besó.

—¿Quién habla?

—Soy Camila y, aunque no lo creas, me besó.

—¿Quién te besó?

—Ezequiel. Suena cursi, pero soy la mujer más feliz del mundo.

La euforia de su amiga terminó de despertar a Matilde.

—Tómalo con calma.

—¿Y tú me dices eso? Siempre críticas que me regodeo en el dolor.

—Es que vas rápido y no quiero que salgas lastimada. Sabes mejor que nadie cómo son los hombres.

—Ezequiel es diferente y lo único que lamento es no haberlo conocido veinte años antes.

—Está bien, querida, me alegro mucho y ahora acuéstate a dormir, que es tarde.

—Acostarme sí, pero voy a permanecer despierta.

—¿Y eso?

—Para recordar las caricias de Ezequiel.

—Está bien, no tienes remedio. Hasta mañana.

Cerré la comunicación y me desvestí. A lo lejos oí el timbre del teléfono y tuve que ir hasta la sala donde había dejado el inalámbrico.

—Te extraño y no puedo dormir —era Ezequiel.

—Me pasa igual.

—¿Me extrañas o no puedes dormir?

—Las dos cosas.

—Entonces, espérame, que voy para allá.

Temblaba de pies a cabeza, no era mujer de hacer locuras. ¿Cómo iba a recibir a un hombre a la una de la madrugada? Poco después, escuché el timbre de la puerta. Era él. Me besó con tanta pasión que no tuve fuerzas para rechazarlo.

Después de hacer el amor, Ezequiel se quedó dormido. Aunque las comparaciones son odiosas, viéndolo así, no pude evitar compararlo con Ramiro: a él solo le interesaba satisfacerse y yo no contaba; en cambio, Ezequiel me proporcionó placeres inimaginables y no me arrepentía de haber actuado a la ligera. Después de tanto dolor, merecía una noche de amor, una noche loca, al menos.

Eran las seis de la mañana cuando él me despertó, había preparado el desayuno y me lo llevó a la cama. Cuando colocó la bandeja sobre mi regazo, me sentí emocionada.

—Buenos días, cariño.

—Buenos días. Debo dictar una clase a las siete y no voy a tener tiempo para desayunar.

—Come tranquila, que yo te llevo.

Me tomé el jugo y el café. Corrí al baño y en poco tiempo estuve lista. Ezequiel me llevó a la universidad. Matilde estaba en el estacionamiento cuando llegamos, pero no me vio enseguida. Cuando ya Ezequiel se había retirado, me alcanzó.

—No me digas que Ezequiel amaneció en tu casa.

Solo atiné a decirle que estaba feliz, mientras caminaba hacia el salón de clases.

Las dos amigas se reencontraron a la hora de la salida y Matilde le dijo a Camila:

—No te voy a dejar ir hasta que me cuentes absolutamente todo.

Ella sonrió, sabía que Matilde estaba preocupada por su cambio.

—Está bien. Llévame a casa y por el camino te cuento.

No omitió ni un solo detalle mientras le contaba su maravillosa experiencia a Matilde. Ella escuchaba en silencio.

Los tres meses siguientes, Ezequiel y Camila se veían casi todos los días. La relación creció en amor y compresión. El acoplamiento erótico sorprendía a Camila. Ya no tenía dudas: Ezequiel era su alma gemela. Ese hombre la hacía sentirse completa. Pero había algo en la relación que le preocupaba. Él no hablaba de formalizar y ella no sabía cómo tocar el tema. Por esa razón, consultó a su amiga. Matilde le dijo que solo había una forma de tratar el asunto y era preguntarle directamente. Como Camila dudaba, le preguntó si podría hacerlo por ella.

—No creo que yo sea la indicada, pero si tú quieres, lo haré. Ya sabes que no tengo pelos en la lengua.

—Te lo agradecería mucho.

—Está bien, te prometo hacerlo.

Cuando Matilde le preguntó, en un principio él se asustó pensando que a Camila le pasaba algo.

—No, no le pasa nada, solo que está preocupada porque tú no hablas de formalizar la relación —le dijo ella sin rodeos.

Ezequiel, sorprendido, le respondió con tono molesto:

—¿Y por qué motivo ella misma no trató el tema? No me gusta que me envíen emisarios.

—No soy su emisaria, soy su amiga y tú sabes lo insegura que es Camila.

—Sí, lo sé.

—Entonces, ¿qué le digo?

—Dile que esta noche conversaremos.

Matilde llamó a su amiga para darle los detalles de la conversación. Camila empezó a llorar.

—No te pongas en el mismo plan de antes. Yo creía que esa era una etapa superada. Ten calma y espera, mujer, que él va a hablar contigo esta misma noche.

Ezequiel no visitó a Camila esa noche, tampoco la llamó. A medianoche Camila se comunicó con Matilde. Ella tuvo que armarse de paciencia: su amiga volvía a ser la mujer indecisa e histérica de siempre. Percibía que Camila se había apegado mucho, y pronto, a Ezequiel.

—Te calmas y, por favor, no hagas una tragedia de un asunto sin importancia. Te aseguro que mañana te llamará y podrás aclarar tus dudas.

—No será así, estoy segura de que se disgustó y me dejó.

—Puede que se haya disgustado, pero él te quiere. Lo más seguro es que le teme al compromiso como la mayoría de los hombres. Además, él sufrió mucho con la muerte de su esposa y a lo mejor siente que traiciona su memoria.

—¿Y por qué no se acordó de eso cuando se acostó conmigo?

—No es lo mismo. Por otra parte, solo estamos especulando. Esperemos a que él regrese.

Un presentimiento le oprimió el pecho a Camila. En el fondo de su corazón sabía que Ezequiel había huido. Una vez más fracasaba en su intento por ser feliz.

No dormí en toda la noche y al día siguiente salí temprano para la universidad. Llamé a la oficina de Ezequiel y me dijeron que había salido del país. Busqué a Matilde para contárselo. Ella estaba dictando clases, pero al verme, temió lo peor y salió al pasillo.

—Ezequiel se fue.

—¿Para dónde?

—No sé, solo me dijeron que está fuera del país.

—¿Quién te lo dijo?

—Llamé a su oficina y la secretaria me lo dijo.

—Lo más seguro es que se le presentó algún imprevisto.

—Me lo hubiera dicho.

—Tal vez regrese hoy mismo.

—No, simplemente me dejó.

—No seas absurda. No va a dejar el país solo para huir de una mujer. Reacciona.

—Entonces, ¿por qué se fue sin avisarme?

—Yo no sé. Ya nos enteraremos.

—Me va a matar la angustia.

CAPÍTULO 3

Alejandro Jiménez, el exmarido de Matilde, recibió la llamada como a las once de la mañana. Le extrañó mucho que su exesposa se interesara por el paradero de su socio. Ella lo intuyó y le aclaró que Ezequiel era novio de su amiga Camila.

—La verdad, Matilde, que ese asunto ha sido todo un misterio. Ezequiel se fue de un momento a otro, sin dar explicaciones. Me dijo que se retiraba de la firma por un tiempo y que no le hiciera preguntas. Ni siquiera me quiso informar a dónde se iba, solo que abandonaba el país.

—Pensé que Ezequiel era diferente a Ramiro. Ahora me convenzo de que todos los hombres son iguales. Con él ha sido peor que con Ramiro, porque ahora Camila sí está bien enamorada.

Matilde temía que Camila no tuviera fuerzas para enfrentar otro fracaso. Ella la vio sufrir mucho después de su divorcio, a pesar de que la relación ya estaba deteriorada. Le costó mucho recuperarse. Nunca comprendió por qué razón Camila se había casado con Ramiro después del accidente, a pesar de que él la había traicionado con su propia hermana. Jamás se había atrevido a peguntarle eso a su amiga, pero había llegado el momento de hacerlo. Camila le respondió que después de la muerte de Aída, lo único que deseaba era alejarse de su madre, pues la convivencia con ella se había convertido en una tortura. Por eso, cuando Ramiro le pidió que se casaran, aceptó con la única condición de que lo hicieran de inmediato. Su matrimonio se celebró solo civilmente y a pesar de que ella era una mujer religiosa, no quiso bajo ningún concepto que fuera por la iglesia. Nunca imaginó que vivir con Ramiro iba a ser peor que con su madre. Matilde quedó asombrada, solo una mujer como Camila era capaz de casarse con el único propósito de huir de una madre insoportable.

En los días siguientes, Camila se fue consumiendo como candil que se apaga. Matilde estaba preocupada. Ella recordaba que cuando su amiga se separó de Ramiro, lo siguió mencionando por muchos años, como si el calendario se hubiera detenido. Con Ezequiel fue diferente, Camila no volvió a nombrarlo y transcurridos cuatro meses, él no había dado señales de vida.

Matilde llamó a su amiga para preguntarle cómo se sentía. Ella le respondió que con sobrevivir se conformaba.

—Has asumido la misma actitud de hace unos meses. Te recomiendo que busques ayuda porque estás deprimida.

—¿No te parece que tengo motivos para estarlo?

—No se trata de eso, sino de que te atiendas pronto esa depresión, ya que puede convertirse en una enfermedad crónica.

—¿No te das cuenta de que no me importa?

—Debería importarte, se trata de tu salud.

—¡No te pongas odiosa o cierro la comunicación!

—Soy yo la que voy a cortar —respondió Matilde disgustada.

Camila padecía una enfermedad mental llamada miedo. Los síntomas son todas las emociones que nos hacen sufrir: ira, odio, amargura, tristeza y desengaño. Cuando el miedo es demasiado grande, la mente racional empieza a fallar porque está tan asustada y las heridas son tan profundas, que la mejor solución parece ser romper el contacto con el mundo.

Camila estuvo más de un mes sin llamar a su amiga. Matilde estaba furiosa. Ella no se merecía ese trato. Por primera vez en todos los años de amistad, quiso castigarla y no la buscó. Estaban de vacaciones en la universidad y no había forma de que se encontraran en la calle, pues Camila no salía a ninguna parte. Una noche, como a las once, escuchó el timbre del teléfono. Estaba segura de que era Camila; a ella nadie la llamaba a esa hora. Oyó la voz de su amiga, como en un susurro, y apagó el televisor para entender lo que decía.

—Amiga. Ven. Te necesito. Creo que me muero.

—¿Qué te sucede?

—Tomé una sobredosis de sedantes.

—Trata de mantenerte despierta, voy enseguida.

Matilde llamó de inmediato a una ambulancia y salió a toda prisa hacia la casa de su amiga. Ella vivía relativamente cerca y por eso llegó primero. Tenía en su poder una llave de la casa, que su amiga le había entregado tiempo atrás. Entró y fue directo a la recámara. Tendida en el suelo, cerca del baño, se encontraba Camila. Trató de levantarla y no pudo. Buscó una jarra de agua fría y se la tiró en el rostro. Su amiga no reaccionaba. Entonces oyó la sirena de la ambulancia.

Llegaron al hospital en pocos minutos y el médico de urgencia la atendió enseguida, pero a pesar del lavado de estómago, Camila no recuperaba la conciencia. No sabía a quién llamar. En ese momento culpó a Ezequiel. En verdad se había portado como un miserable. En todo ese tiempo, ni una llamada y mucho menos una carta.

Camila se recuperó en una semana, pero la depresión se incrementó. Matilde sabía que si ella no la convencía de buscar ayuda siquiátrica, la próxima vez podía tener éxito y suicidarse. Al salir del hospital, Matilde la llevó a su casa. Su amiga, extrañada, le preguntó por qué no la llevaba a la suya, a lo que respondió que no confiaba en ella y que no volvería allá, hasta que aceptara verse con un siquiatra. Camila se sentía tan débil, que no quiso polemizar y aceptó.

Matilde reservó cupo con el doctor Aparicio para ese mismo día a las seis de la tarde. El médico las recibió a la hora acordada y cuando les preguntó el motivo de la visita, Matilde le hizo un resumen y lo puso al tanto de la situación.

El doctor coincidió con el diagnóstico de Matilde, Camila sufría una adicción afectiva. Además, tenía una depresión severa y pocos deseos de vivir. El siquiatra les informó que tenía un Centro de Rehabilitación para adictos que había establecido para el control de las adicciones «no tóxicas». Agregó que en el centro se evaluaba al paciente y se establecía la ocupación del tiempo libre y la terapia para intentar establecer objetivos.

—Después de la aceptación de las reglas, se inician las sesiones poniendo especial atención al autocontrol de la ansiedad. Además, al paciente se le dan instrucciones que deberá usar en situaciones de riesgo y se le entrena en meditación y en visualizaciones positivas.

El siquiatra les entregó una copia del documento donde se explicaba el programa de rehabilitación.

—Usted verá que es una investigación seria. Con encuestas, seguimiento a los pacientes recuperados y un estudio profundo de los que no han tenido éxito con la terapia.

Al llegar a la casa, Matilde intentó discutir el programa con Camila, pero ella no mostró el menor interés.

—Haré lo que digas, léelo tú, que sabes de eso. Y si piensas que me ayudará, me inscribiré en el grupo de apoyo.

Matilde leyó el documento y al terminar no tuvo dudas de que ese programa ayudaría mucho a su amiga. A la mañana siguiente, se lo comentó a Camila y ella solo atinó a decir:

—Está bien, llama al siquiatra y dile que me inscriba en el programa.

—Pareciera que no te interesa curarte.

—Tú me pediste que aceptara participar en el programa y eso es lo que voy a hacer. No pretendas que me entusiasme. A las personas deprimidas nada nos causa encanto ni atractivo.

—Está bien, solo necesito que cooperes y lo estás haciendo, aunque de mala gana.

Matilde llamó al doctor Aparicio para notificarle que Camila había aceptado ingresar al programa de apoyo a los adictos. El siquiatra le pidió que hiciera una cita, ya que antes del ingreso, deseaba conversar con Camila.

Llegaron al consultorio y la secretaria les pidió que esperaran, el médico había salido a atender una urgencia. Como el doctor tardaba más de la cuenta, Camila se impacientó y dijo que deseaba irse. Matilde tuvo que desplegar todas sus habilidades para retenerla y, en el momento en que Camila se iba a retirar, llegó el siquiatra. Matilde se asustó cuando lo vio y su rostro reflejaba tanta tristeza que le preguntó si sucedía algo malo. El doctor la alejó de Camila antes de contestarle:

—Una de mis pacientes acaba de suicidarse. Hicimos hasta lo imposible para salvarle la vida, pero fue inútil.

—¿Qué edad tenía? —preguntó Matilde.

—Treinta y nueve años.

—¿Y por qué no pudo salvarla?

—Porque había abandonado el tratamiento desde hacía tres meses. No podemos obligar a ningún paciente si no desea tratarse de su depresión.

—Doctor, por favor, no deje que eso le ocurra a mi amiga.

—Haré lo posible, pero eso depende de ella, y de usted, pues hay que ayudarla, darle sostén en estas circunstancias.

—Ella cooperará, se lo prometo. Debe recuperar su vida, porque la vida sin calidad es mera existencia.

Luego, ambos se aproximaron donde estaba Camila, sentada. El doctor le hizo una pregunta:

—¿Está dispuesta a inscribirse en el programa de rehabilitación?

—Es lo que deseo.

El doctor respondió todas las interrogantes de Camila sobre el programa. A ella le preocupaba el costo, percibía que sería elevado y no sabía si lo podía enfrentar. Matilde le dijo que eso no era importante y que cualquier diferencia que le faltara ella la asumiría.

Las dos amigas se despidieron del médico con la firme promesa de que al día siguiente Camila ingresaría al programa. De regreso, Camila le pidió a Matilde que la dejara en su casa. Ella se negó aduciendo que mejor permaneciera en la suya, hasta ingresar al programa. Camila sonrió, reconociendo que su amiga tenía razón. Lo más seguro era que, si regresaba a su casa, se olvidaría de las promesas y no cumpliría su palabra, ya que las personas deprimidas lo primero que pierden es la voluntad.

Una vez más, Camila repitió las frases de siempre:

—¡No es justo! ¡Ay de mí! A nadie le pasa esto. ¡Solo a mí!

Matilde la recriminó por esa actitud derrotista.

—¿No te fijas que ese complejo de víctima y la pérdida de autoestima son actos de cobardía que te impiden tener una vida normal? Así solo maximizas tus problemas y disminuyes tus habilidades. Estás encerrada en un callejón sin salida. Y lo peor de todo es que estás convencida de que nada puede hacerse, siempre de mal humor, quejándote y haciéndole la vida insoportable a los demás. Es hora de que cambies de actitud, y espero que esa terapia te ayude.

ZOREL

CAPÍTULO 1

Cuando llegué al consultorio de mi esposo, observé que su secretaria se retiraba.

—¿Por qué te vas tan temprano? ¿Y los pacientes, dónde están?

—El doctor Arias me pidió que cancelara las citas y que, en cuanto usted llegara, la hiciera pasar y me retirara.

Temí lo peor y respiré profundo para darme valor. Antes de entrar al despacho, sentí la visión borrosa e hice ingentes esfuerzos para mantenerme en pie. Sabía que debía enfrentar la situación, por terrible que fuera.

Alberto esperaba a su esposa, acompañado del jefe de detectives de la Dirección de Investigación Judicial. Se negaba a aceptar las conclusiones del agente, quien había encontrado varias de las alhajas de la señora de Arias. El inspector, con cierto recelo, le entregó una fotografía de la persona que las había vendido. La imagen era la de una mujer parecida a Zorel. Alberto no encontraba explicación coherente para este hecho. El inspector jefe insistía en lo que desde el principio sospechó: que se trataba de un autorrobo.

Estaba furioso y sentía un inmenso deseo de golpear al hombre que tenía frente a sí. Por otra parte, la hipótesis del detective no parecía del todo descabellada. Además, su hermano Rogelio le contó acerca de los préstamos que él y su padre le habían hecho a su esposa. Y lo peor de todo era que Zorel no llegaba y la duda le roía las entrañas.

La situación para el jefe de detectives era incómoda, sentía compasión por aquel hombre que parecía derrotado, siendo una de las figuras más respetadas del país. Lo había investigado y sabía que era un buen ciudadano, un excelente médico, un ser humano solidario, justo, y admirable. Pero estaba casado con una mujer frívola e irresponsable y, para colmo, una delincuente.

Toqué suavemente, Alberto abrió la puerta y entonces lo vi. El inspector Navarro se levantó y me saludó. Sentí la garganta seca, las piernas temblorosas y las manos húmedas de sudor. Pedí permiso para ir al baño. Encerrada, procuraba encontrar serenidad para pensar, pero no sabía cómo salir de ese atolladero. Estaba segura de que todo se había descubierto. Permanecí en el baño mucho tiempo. Alberto tocó la puerta y preguntó si me encontraba bien. Le dije que saldría enseguida. Entonces recordé el reporte de la mamografía; ya nada podía ser peor que lo que imaginaba sería el resultado. Abrí el sobre y leí el informe. Tenía cáncer.

Mi vida, de repente, estaba atrapada en un torbellino. Los recuerdos llegaron a mi mente, agolpados uno tras otro hasta hacerme casi desfallecer.

Eran las 11 de la mañana cuando me escapé de la oficina para comprar un vestido que había separado en el centro comercial más elegante del país. Me ponía de mal humor recordar la humillación del día anterior, cuando me rechazaron la tarjeta porque mi crédito había rebasado el límite. La chequera se me había quedado en casa y no pude hacer la compra. Deseaba regresar a primera hora para borrar esa sonrisa sarcástica del rostro de la vendedora. Creo que ella sintió envidia al ver lo bien que me quedaba el vestido.

Años atrás había sido una de las modelos más cotizadas de Panamá, requerida por varias casas de moda del exterior. Hice mis estudios en Milán y las modelos graduadas en Italia siempre son solicitadas.

El recuerdo del día en que renuncié a mi carrera me

provocaba sentimientos encontrados, pero no tuve alternativa. Me enamoré como una idiota de un miembro de la alta sociedad panameña. Nada más y nada menos que de Alberto Arias.

Inmersa en mis pensamientos, llegué a uno de los almacenes más exclusivos del centro comercial. La vendedora me reconoció de inmediato, fue a buscar el vestido y me preguntó si deseaba volver a probármelo. Le dije que no era necesario y pagué la factura. Contemplé el vestido con satisfacción: inspirado en los cuentos fantásticos, este modelo de Guy Laroche me recordaba el atuendo de las princesas del Señor de los Anillos; bellas y sensuales, atraían sin remedio a quienes se expusieran a los encantos de su atractiva estampa. Costó mil doscientos dólares, pero el vestido lo valía. Le di las gracias y me retiré.

En la cafetería cercana pedí un capuchino. Estaba maravillada con mi compra. Ese atuendo en particular me hacía retroceder en el tiempo y evocar mi carrera de modelo. Sí, fui modelo por cinco años hasta que formalicé mi relación con Alberto. Esa fue la condición que puso y no pude rehusarme. Él había luchado mucho para defender nuestra relación.

Cuando la familia Arias me conoció, puso el grito en el cielo. Alberto no les había dicho que yo era negra; claro que la más bella que habían conocido, pero para ellos una mujer de color en su familia era algo inadmisible. La mamá de Alberto gritó como una demente al ver que la novia de su hijo era una negra y el resto de la familia acudió al escuchar los alaridos histéricos de doña Cecilia. El único que se controló y me saludó con naturalidad fue don Raúl. Alberto bajó la cabeza y, en tono suplicante, le solicitó compostura a su madre.

Doña Cecilia tuvo que tomar su medicina para la presión y pedía una y otra vez que llamaran a su cardiólogo, aduciendo que había sufrido un gran disgusto. Don Raúl me tomó por el brazo para ayudarme a entrar a la casa.

Me temblaban las piernas y caminé apoyándome en él para no caer. La conmoción continuó y cuando observé el estupor en el rostro de la familia de mi novio, salí lo más rápido que pude a la calle, sin darle tiempo a Alberto para reaccionar. Me fui de allí en el primer taxi que pasó. Pese a toda la oposición familiar, Alberto se impuso y ocho meses después nos casamos. El día que me pidió en matrimonio también me solicitó que dejara el modelaje. Ese mismo día lo complací. Estaba sorprendida, nunca pensé que él desafiaría de esa manera a su familia. El día de la boda, solo asistió don Raúl. Recuerdo que se acercó y al oído me dijo que yo era la mujer más bella del mundo. Sus palabras me llenaron de alegría porque lo sentí sincero. A partir de ese momento, fue mi más grande aliado. Nos visitaba a menudo, no así su esposa. Recuerdo que él siempre me decía que la tenía casi convencida, pero ella no daba su brazo a torcer.

Alberto tiene dos hermanos: Patricia y Rogelio. En una de las visitas de don Raúl, ellos lo acompañaron. Mi suegro aseguró que en la próxima iría doña Cecilia. Esto no se dio hasta que nació Albertito. Eran las tres de la tarde y le daba el pecho al bebé, cuando llegó ella. No me atreví a pronunciar palabra. La señora miró al niño y dijo:

—Gracias a Dios, sacó el color del papá.

Me sentí ofendida, pero no dije nada, no deseaba arruinar nuestro encuentro. Alberto llegó en ese preciso momento y expresó alegremente que él sabía que el niño haría el milagro de que su madre nos visitara. Doña Cecilia abrazó a su hijo y repitió que se alegraba de que nuestro hijo fuera blanco. En ese momento entró don Raúl y al escucharla la reprendió.

Pasados esos incidentes, nuestra relación de familia se normalizó. No era que doña Cecilia me amara de la noche a la mañana, sino que Albertito era su primer nieto y su adoración. Cuando el niño cumplió un año, le dije a Alberto que deseaba desarrollar alguna actividad profesional y me permitió matricularme en la universidad, en la carrera de Diseño de Interiores. Yo deseaba estudiar Arquitectura, pero él me aconsejó que escogiera una carrera más fácil, ya que no deseaba que descuidara a nuestro hijo. Hice la carrera en cinco años, nunca la ejercí. Solo apliqué mis conocimientos en decorar mi casa y la oficina de mi esposo. Alberto no me permitió trabajar. Para mantenerme contenta me puso una oficina con todas las comodidades.

Terminé de tomar el capuchino y fui a uno de los almacenes a comprar un par de calzados y una cartera que combinaran con el vestido. Me mostraron varios y, como estaba indecisa, le solicité a la vendedora que me permitiera medirme el vestido para ver cuál caía mejor. Después de casi una hora, escogí unos zapatos bronce, otros dorados y uno marrón de tacón alto, todos de la marca Salvatore Ferragamo que le venían bien al vestido blanco hueso. También compré una cartera para cada par de zapatos y cuando pasé por el almacén donde había comprado el vestido, observé en la vitrina dos modelos que me enloquecieron. Uno de Emilio Pucci, de línea elegante, falda amplia de seda suave con un largo moderado, que moldeaba mi figura sin adherirse. El color era un tono gris perla, con un solo detalle: un fajón de seda negra brillante, sin mangas y cuello en V. Cuando me lo probé, me di cuenta de que el mismo cuerpo, al desplazarse, le daba movimiento a la tela. El precio me hizo dudar: dos mil doscientos dólares; pero, yo me lo merecía. Al otro lado del almacén, haciendo contraste al modelo Pucci, observé un juego de pantalón deportivo color caqui, Calvin Clain: pantalón y camisa estrecha, con un chaleco con mangas tres cuartos, elegante. Pensé que ese atuendo era el adecuado para la competencia de golf del próximo sábado. Estaba baratísimo, solo cuatrocientos cincuenta.

Cuando me encaminaba hacia la caja vi un vestido Carolina Herrera, justo el que necesitaba para la boda de una de mis amigas. Sofisticado, de tela voluminosa, brocada, de color bronce; la falda vaporosa con crinolinas y adornos del mismo color en organza; las mangas trabajadas con cintas que le daban un toque distinguido. El precio era dos mil, pero el vestido en particular lo valía. Claro que tenía que comprar una cartera de noche y justo al lado había una del mismo color y marca del vestido, un poco caro para una cartera de noche: quinientos cincuenta dólares. Sentí una especie de remordimiento al firmar el recibo de la tarjeta: cuatro mil novecientos. Con la compra anterior sumaban seis mil novecientos. No me iba a preocupar por eso, yo me lo merecía.

Al momento de pagar la factura, sentí una rica fragancia cercana que emanaba de una señora que esperaba su turno para pagar. Le pregunté el nombre del perfume y me contestó que no estaba segura de si era Ángel, Pure Poison o Miss Dior Chérie. Cargada de paquetes, llegué al departamento de perfumes.

—Por favor, póngame la muestra en el dedo índice —le dije a la dependiente, señalando un pequeño envase de cristal en lo alto del mostrador.

Zorel ya no le quedaban dedos para oler; todos se habían ido poblando, uno por uno, de un nuevo olor, de una nueva tentación inexorable. La vendedora los veía pasar, u—n—o—p—o—r—u—n—o, por la nariz de su clienta. A veces se detenía y se dejaba embriagar por el dulzor de este, o la esencia cítrica de aquel, o la penetración del que decía estar hecho con una conjunción de flores y finas hierbas. Y los deslizaba despacio, u—n—o—p—o—r—u—n—o, despacio. Y la mirada que permanecía fija en la distancia. Y las cejas arqueadas. Y la boca entreabierta. Y de repente los ojos cerrados. Y otra vez abiertos, con brusquedad. Y un respirar profundo, como si la vida se escapara, como si no fuera posible respirar más, o elegir la senda de su salvación. Y, más tarde, una enorme sonrisa que le iluminaría el semblante, aún en éxtasis, para cuando la vendedora le preguntara, impaciente:

—¿Cuál se va a llevar, señora?

Zorel reaccionaría como quien despierta de un sueño.

—Con calma —le dijo—. No me gusta apresurarme.

La vendedora estaba incómoda, «una hora malgastada y a lo mejor no compra un carajo. «Estas señoras ricas son todas iguales, no saben qué hacer con el tiempo y vienen a molestar», pensó. La contempló detenidamente. En verdad, la fulana era bella: piel oscura y brillante, un metro setenta y cinco de estatura, delgada, cabellos ondulados color azabache. Ojos negros y profundos, una nariz perfilada, nada común en una negra, y labios sensuales y provocativos.

—La verdad es que, como me cuesta decidirme, los voy a llevar todos.

—¿Los diez?

—¿Algún problema con eso?

—¡No, para nada, le aseguro que no se va a arrepentir!

—Por eso lo hago, porque esta noche no podré dormir pensando que el que no compré podría estar destinado a convertirse en mi preferido.

—¿A nombre de quién le hago la factura?

—Zorel de Arias.

Destruí la factura. Era una locura gastar dos mil cincuenta dólares en perfumes. Salí del centro comercial como a la dos de la tarde, con la seguridad de que todo lo que había comprado me lo merecía.

Alberto no almorzaba en casa, llegaba como a las seis, encendía el televisor para ver las noticias y se servía un coñac. Una hora después cenaba y al terminar, si no tenía algún compromiso social, se iba al estudio a escuchar música hasta la hora de acostarse. Yo odiaba esa rutina, no había forma de cambiarla, pero ya me había acostumbrado.

Todas las mañanas salía de mi casa temprano, no soportaba la oficina porque me había dado cuenta de su inutilidad. Por eso me iba a pasear mis frustraciones y qué mejor lugar que los centros comerciales. Era conocida por los dueños y vendedores, algo así como la consentida de todos. Mi centro comercial preferido: el que la gente llamara de elite. Desayunaba y almorzaba en el lugar y casi siempre iba sola. No me gustaba la compañía de mis amigas y mucho menos si me iba a medir un vestido. Si me quedaba bonito, me decían que el color no me iba bien, y si me quedaba mal, lo ponderaban como si fuera hecho para mí. Todas eran unas envidiosas.

Alberto y yo manteníamos una cuenta corriente mancomunada y yo giraba sin que él controlara mis gastos. Las tarjetas de crédito las pagaba de esa cuenta, pero como en los últimos meses había perdido el control, solo abonaba el saldo mínimo. Tenía veinticuatro tarjetas de crédito, muchas otorgadas por los mismos almacenes donde compraba. Ese mes el saldo sumó veinte mil dólares y mi esposo protestó. A gritos le dije que él tenía que solventar mis gastos porque nunca me había dejado trabajar. No respondió de inmediato, hizo una pausa y afirmó en tono enérgico que era mejor que controlara el dinero. Esa fue nuestra primera discusión. A partir de ese momento, cada vez que llegaba el estado de cuenta del banco, las disputas aumentaban.

Esa tarde llegué a casa más temprano que de costumbre, y me extrañó muchísimo ver el carro de Alberto en el estacionamiento. Me estaba esperando. Al contemplar su rostro, no tuve dudas de que otra guerra se avecinaba. Con voz baja y conteniendo su ira, me dijo que entrara al estudio. Mis cartapacios personales estaban sobre el escritorio. Un nudo en la garganta me impedía pronunciar palabra. Todas las facturas estaban sumadas y ordenadas.

—¿Tienes idea de cuánto dinero debes?

—Ese no es tu problema.

—Claro que lo es, porque yo pago tus cuentas.

—Me aburres que me saques en cara que soy una mantenida. Estoy deprimida, me siento angustiada, me falta el aire, tengo que salir y no me queda más que salir de compras. Además, me lo merezco. ¿No te das cuenta de que cuando compro me siento viva? Estoy tan sola.

Alberto trató de controlar su enojo y se me acercó.

—Voy a ponerte límites. Hablaré con el gerente del banco para anular tu firma en la cuenta mancomunada. Ahora vas a tener una cuenta individual, en la cual depositaré la cifra de tres mil dólares mensuales. Eso es solamente para tus gastos personales. Ya le encargué a mi secretaria que pague los gastos de la casa y de tu oficina.

—¿Fuiste capaz de humillarme de esa manera?

—No se trata de eso. Le dije a mi secretaria que estabas ocupada y que no tenías tiempo para esas cosas. Y al gerente del banco le dije que no quería mezclar los gastos de mi consultorio con tus gastos personales.

—¿Y piensas que te creyeron?

—Eso no es importante. Tú tienes un problema de consumismo y yo tengo que poner los límites antes de que sea demasiado tarde. Y si no controlas el gasto en tus tarjetas de crédito, yo mismo las voy a destruir.

Alberto salió del estudio sin despedirse, lo llamé a gritos, él no me contestó, tomó las llaves de su automóvil y se fue.

Encendí el televisor y comencé a pasar los canales como de costumbre, buscando un programa que me distrajera. No tenía opción, el único que me entretenía era Mall TV. De pronto, salió en la pantalla mi centro comercial favorito. Le hacían una entrevista a la dueña de un nuevo negocio que inauguraban ese día. ¿Cómo no me di cuenta antes? Miré mi reloj pulsera, apenas eran las seis de la tarde. Si me daba prisa, llegaría a tiempo. Tomé mi bolso y salí deprisa.

Llegué al centro comercial, me había aprendido una ruta menos transitada. Fui directo al almacén que había visto en la televisión. Evitando las cámaras que todavía se encontraban en el lugar, revisé la mercancía. La ropa era divina, y los precios, ni se diga, «de oferta». No iba a desaprovechar esa oportunidad. Además, Alberto todavía no había cancelado las tarjetas. Esa tarde todos los vestidos que me probé me quedaban bien. Dos en particular llamaron mi atención. Eran de la colección de Alviero Martín, que se recrea en el color tornasolado y trabaja las tonalidades hasta lograr descomponerlas en toda su gama, en donde la luz las hace cambiar. Su colección milanesa se enrosca en el cuerpo femenino y juega con los largos intentando provocar la atracción inmediata. Elegí un vestido de Chiffon traslúcido rematado en puños y caderas por sugerentes ataduras, con jaretas en el pecho que continuaban en la falda hasta los pies. Era el más costoso, dos mil seiscientos dólares. Una opresión en el pecho me hizo dudar, respiré profundo y pagué la factura. Salí del centro comercial, sintiéndome la mujer más feliz, saciada y en trance, como si estuviera hipnotizada. Con esa compra en particular experimenté una sensación suprema.

Por suerte llegué a la casa antes que Alberto regresara. Coloqué la ropa en el closet del cuarto de huéspedes. La empleada ya tenía preparada la cena y le dije que se retirara, que yo la serviría. Cuando llegó Alberto, noté que había desaparecido la expresión de disgusto de su rostro y desplegué mis tácticas de seducción. Sabía que ese hombre me amaba. Después de cenar, no me dejó lavar la vajilla y nos fuimos a la cama. Hicimos el amor, le dije lo mucho que lo amaba y le reclamé lo abandonada que me tenía. Hacía más de tres meses que no estábamos así, un año que no me llevaba a bailar y seis meses que no salíamos a cenar. Si él decía que yo era una adicta a las compras, él lo era al trabajo. No lo dejé dormir hasta que me prometió aumentar la asignación mensual a cuatro mil dólares. Aunque eso no sería suficiente, ya vería la forma de sacarle más dinero.

A la mañana siguiente, Alberto amaneció contento. Me preguntó qué haría y le dije que me quedaría leyendo una novela.

—No se trata de que te quedes encerrada, lo que deseo es que tengas control de tus gastos. No te vayas a los extremos. Llama a una amiga e invítala a almorzar.

—Es una magnífica idea, así lo haré.

Llamé a Alicia como a las diez de la mañana. Era una de las pocas amigas que no trabajaba. La invité a almorzar y ella me preguntó si podía escoger el restaurante. Aunque parezca increíble, eligió un restaurante en mi centro comercial favorito. No podía desairar a mi amiga y por esa razón acepté.

Cuando salimos del restaurante, mi amiga quiso dar una vuelta por el lugar. Me dijo que no lo había visitado. La llevé a un tour por los almacenes. Todas las vendedoras me conocían y, desde que me vieron, me mostraron lo último que les había llegado, una táctica de ventas que nunca les fallaba. Iba todos los días y en ocasiones no tenían novedades que enseñarme. Claro que yo siempre encontraba algo que no había visto en la visita anterior. Cuando terminamos, había gastado mil ciento cincuenta dólares, incluyendo un vestido que le regalé a Alicia. Ella enfrenta limitaciones económicas. Yo tenía tanto y ella tan poco, que quise ser solidaria.

Llegué a la casa como a las seis de la tarde y después entró mi esposo. Lo primero que hizo fue preguntarme qué había hecho en el día. Le dije que había salido a almorzar con Alicia y cuando quiso saber el lugar, le mentí diciendo que al Siete mares. Alberto palideció y en tono agresivo dijo que él había almorzado en ese restaurante con un colega. Me levanté furiosa y le grité que no iba a permitir que me interrogara como a una delincuente, que tal vez me había equivocado, y fui en otro restaurante cercano. Fui directo a la recámara y me encerré con llave.

Escuché dos golpecitos en la puerta, abrir y mi esposo me abrazó pidiéndome disculpas. Fingí estar enojada para ver lo que obtenía y la estrategia rindió sus frutos. Alberto sacó un fajo de billetes y lo dejó en la mesita de noche, diciendo que era un regalo. Cuando se fue al baño, lo conté a toda prisa, ochocientos dólares. En mi mente surgió la imagen de la cartera y los calzados que había visto el día anterior y que no había comprado para que no se subiera más la cuenta. Era justo el dinero que necesitaba. Sentí tal excitación que casi no pude dormir en toda la noche. Hasta soñé que llegaba al almacén y no encontraba la cartera y los zapatos.

A la mañana siguiente, en cuanto Alberto salió para el hospital, me arreglé presurosa para ir al centro comercial. Tuve que esperar a que lo abrieran. La vendedora sonrió al verme y me preguntó si iba por la cartera y los zapatos.

—No me diga que los vendió.

—De ninguna manera, se los guardé; sabía que usted vendría hoy por ellos.

Después de hacer la compra fui a una cafetería a desayunar, estaba a punto de desmayarme.

La rutina de mi vida se había limitado a comprar y a mentir. Descuidaba a mi hijo y casi ni lo veía. No atendía a mi esposo y, sin embargo, él no se había dado cuenta porque estaba ocupado. Su trabajo era prioritario. Esa mañana, como muchas otras, salí hacia el centro comercial. Una colisión, a pocos metros de llegar, me detuvo.

Mis pensamientos comenzaron a fluir sin control: «Cada día me siento más cansada, casi no me alimento y duermo menos de tres horas». No sé lo que me pasa, me siento fatal. Ya no frecuento mis antiguas amistades, no tengo familia, pero la familia de Alberto se ha portado bien. Doña Cecilia viene de visita todos los miércoles a ver a Albertito. No me ocupo de mi hijo, ha bajado sus calificaciones en la escuela y cuando regreso del centro comercial, ya ha cenado y está haciendo sus tareas. Al día siguiente, cuando me levanté, ya se había ido para el colegio. ¡Dios mío! «He perdido el control de mi vida».

Evito pensar porque eso me entristece. Además, tengo derecho a un poco de diversión, mi vida es tan aburrida que lo único que distrae mis pensamientos es comprarme algo. Aunque me sentía cansada, fui a la recámara de mi hijo para ver cómo estaba y lo encontré mirando la televisión. Se sorprendió tanto que corrió a abrazarme. Mi niño no se merece que lo descuide. Tiene ocho años, pero todavía lo considero mi bebé. Albertito es un chico alto para su edad, de piel blanca, como su padre, y ojos negros, como los míos. ¡Qué guapo es mi hijo! Nos sentamos en el sofá cama y conversamos. Así nos encontró Alberto, quien se sumó a nosotros. Mi hijo estaba eufórico y Alberto sonreía como otro niño más en el juego. Poco después la empleada nos avisó que la cena estaba lista.

Esa noche Alberto prefirió llevarme a cenar y pasamos una velada encantadora. Me sentía en el paraíso. Le di las gracias por su cambio de actitud y le dije que eso era lo que necesitaba para recuperar mi vida. Él prometió dedicarnos más tiempo. Después de cenar fuimos a bailar. No lo podía creer. Regresamos a la casa cerca de las tres de la madrugada y me sentía ebria de felicidad.

Desperté a Alberto diciéndole que era tarde.

—Hoy es sábado y no tengo apuro. Déjame dormir hasta las diez.

—Está bien, te llamaré a esa hora.

Ese fin de semana la pasamos bien. Alberto nos llevó a la casa de sus padres en la playa. Don Raúl estaba contento y se llevó a Albertito a pasear a orillas del mar. Alberto los acompañó y yo me quedé con doña Cecilia.

—Zorel, ¿qué te mantiene tan ocupada que cuando visito a mi nieto casi nunca estás en casa?

—Doña Cecilia, usted sabe mejor que nadie que yo atiendo la casa y me tengo que ocupar de muchas cosas.

—¿De qué cosas? Te escucho.

Cuando doña Cecilia se ponía en ese plan, no la soportaba. Nunca me había querido, solo me toleraba para no perder el amor de su hijo y de su nieto. Preferí no responderle. Lo que menos necesitaba era una discusión con esa vieja metiche.

—Voy a buscar a mis amores.

Los encontré en una fonda comiendo pescado frito. Don Raúl tenía prohibido comer grasas y cuando me vio llegar, me pidió que no le contara a su esposa, pues estaba desobedeciendo sus órdenes. En tono de broma, le contesté que sería una tumba.

Cuando regresamos a la ciudad, Alberto me comentó que su madre se había quejado de que cuando visitaba a su nieto nunca me encontraba. Le prometí estar en casa la próxima vez. No estaba segura de cumplirlo, pero se lo dije para llevar la fiesta en paz.

El lunes y el martes no pude ir al centro comercial, Alberto me había encargado un trámite para su próximo viaje. Era miércoles, día de la visita de doña Cecilia y, ella siempre llegaba a las dos de la tarde. Tenía tiempo de ir a una de las tiendas y regresar pronto. Una de las vendedoras me había llamado y, si no iba, seguramente nunca más me avisaría cuando llegara la nueva mercancía.

Llegué al centro comercial cerca del mediodía y como en el almacén había mucha gente, le hice una señal con la mano a la vendedora para que se acercara.

—Veo que estás ocupada. Regreso en un momento, voy a tomar un café.

Cuando volví, la chica ya pudo atenderme de manera individual. Me mostró la mercancía que le había llegado. Me volví loca, midiéndome los vestidos de dos piezas, los juegos de pantalones, las blusas y los *blazer.* Solo compré tres conjuntos de falda y blusa, un vestido y dos carteras, con sus respectivos calzados. Era ropa para el diario. La cuenta fue de mil novecientos dólares, la mercancía estaba preciosa y lo valía. Además, yo merecía darme ese gusto.

Me sentía realizada. Entonces recordé la visita de doña Cecilia y miré el reloj. Dios mío, se me había pasado el tiempo sin sentirlo y ya eran las cuatro de la tarde. Corrí hacia los estacionamientos y salí rumbo a mi casa. Para colmo de males, el tráfico estaba terrible y me tomó hora y media llegar. Entré corriendo y, para ahorrar tiempo, toqué el timbre. La empleada me preguntó si había olvidado la llave. Le pregunté por doña Cecilia y me contestó que acababa de salir. La llamé por teléfono y me excusé diciéndole que me había retrasado en una cita médica. Me preguntó si estaba enferma y le dije que era simple rutina. Cerré la comunicación y en ese momento pensé: «¿Desde cuándo no me hacía los exámenes de rutina?» Hasta mi salud estaba descuidando.

Alberto llegó a la casa como a las seis y media e imaginé que algo grave había sucedido porque él jamás se desocupaba tan temprano de la clínica. Su rostro desfigurado por el disgusto me asustó, pero no me atreví a hacer preguntas y esperé. Mi bolso estaba sobre la mesa de la sala y antes de que pudiera reaccionar, mi esposo lo tomó y sacó mis tarjetas de crédito. Traté de arrebatarle la cartera, pero él me empujó con fuerza. Se dirigió a la cocina, abriendo los cajones del mueble uno a uno, hasta que encontró las tijeras. Con evidente placer, las destruyó una tras otra. Eran veinticuatro: había hecho trizas mi vida.

—¡¿Por qué lo hiciste?!

—¿Todavía tienes el cinismo de preguntarme?

—Me odias, ¿verdad?

—Si eso fuera cierto, te abandonaría en este mismo momento. ¿Sabes algo? Presentía que continuabas con tu adicción a las compras, fui al banco y le solicité a la oficial encargada una copia del estado de cuenta de tus tarjetas. Cuando lo vi no podía creerlo. ¡Debes treinta y cinco mil dólares! Desde hace unos meses, solo pagas el saldo mínimo, a pesar de que te entrego el dinero para pagar tus cuentas. ¡Estás enferma! De ahora en adelante solo usarás efectivo y, cuando se te acabe, no podrás comprar nada más. ¿Me entendiste? ¡Nada! A partir de este momento solo contarás con una asignación mensual de dos mil dólares. Eso es más que suficiente. Con todo lo que has comprado, no necesitarás adquirir nada en cinco años. ¡En tus manos, las tarjetas de crédito son una verdadera maldición!

Recogí los pedazos de tarjetas que quedaron en el piso de la cocina, con la esperanza de que alguna se hubiera salvado de la furia de mi esposo, pero no fue así. Sin pronunciar una sola palabra, fui a mi habitación. Ahora se iba a dar cuenta de lo que era desafiarme.

No le dirigí la palabra a Alberto por varios días. Esa mañana, antes de irse para el hospital, dejó un sobre en la mesa del comedor y dijo que esa era mi asignación mensual. En tono casi inaudible, le di las gracias. Tenía casi quince días que no salía de la casa, dos semanas sin ir de compras. Me vestí a toda prisa y primero fui al salón de belleza donde me peinaron y maquillaron. Estaba bella como antes. No había desayunado y sentí fatiga. Le pedí a la operaria una taza de café y me la tomé rápido.

Llegué al centro comercial cerca del mediodía y almorcé. De inmediato recorrí los diferentes almacenes y las dependientas me llamaban para preguntarme por qué me había ausentado tantos días. Les dije que estaba enferma. Después de recorrer varios locales me detuve en uno. Escogí ropa, zapatos y perfumes. Cuando me sacaron la cuenta, el efectivo no me alcanzaba. Volví a mentir diciendo que me habían robado las tarjetas y que por esa razón de ahora en adelante compraría en efectivo. Por primera vez tuve que regresar parte de la mercancía para que me alcanzara el dinero. ¡Cómo era posible que mi esposo me humillara de esta manera!

Llegué a la casa, sintiéndome frustrada. ¡Qué desgracia estar casada con un miserable! Alberto era uno de los hombres más ricos del país y no era justo que su esposa tuviera que pasar vergüenzas por dinero. Y aún peor; me había quedado sin efectivo. Esa noche vi en un anuncio televisivo que mi almacén favorito tendría una barata de verano. ¡Por nada del mundo me la iba a perder!

Al día siguiente esperé que Alberto saliera para el hospital y fui a visitar a mi cuñado. Aunque no era santo de mi devoción, sabía que si le pedía dinero, me lo prestaría. Rogelio era un abogado prestigioso, con una oficina en el área bancaria y muchos clientes importantes. Me recibió enseguida y preguntó el motivo de mi visita. Fui al grano y le dije que necesitaba dinero, pues estaba disgustada con Alberto y no quería pedírselo a él. Le prometí que en un mes se lo pagaría.

—¿Cuánto necesitas?

—Cinco mil dólares.

—¿Tanto? ¿Estás metida en algún problema? No quiero que Alberto se disguste conmigo.

—No te preocupes. Necesito ayudar a una amiga en desgracia.

Rogelio me entregó el dinero, le di las gracias y salí al banco a cambiar el cheque. Solo me duró cinco días. Para pagarle a Rogelio, le pedí ayuda a don Raúl. Él no me cuestionó y me entregó un cheque por ocho mil dólares. Le pagué a mi cuñado y el resto me lo gasté en un abrigo de pieles para mi próximo viaje. Ya no tenía a quién pedirle prestado. Para pagarle a don Raúl, ese mes vendí parte de mis joyas. En menos de tres meses las fui vendiendo casi todas.

Esa noche, Alberto me dijo que iríamos a la inauguración del nuevo hospital y me pidió que usara el juego de esmeraldas. ¡Dios mío, si supiera que lo había vendido, qué disgusto que tendría! Como ya no tenía prendas que ponerme, compré un juego de fantasía.

Alberto me esperaba en la sala para ir a la inauguración. Cuando salí, me preguntó por el juego de esmeraldas y le dije que no había tenido tiempo de sacarlo de la caja de seguridad. En ese momento se me ocurrió un plan para resolver la pérdida de las joyas. Al regresar de la fiesta, Alberto me dijo que en dos días viajaría al extranjero para asistir a un congreso médico.

Él no quiso que lo llevara al aeropuerto para que no regresara sola a esas horas de la noche. Al día siguiente fui al banco, retiré lo poco que me quedaba en la caja de seguridad y anulé el contrato. Esa noche me dormí temprano y como a la una de la mañana, me levanté. Había comprado un spray de esos que adormecen a las personas, lo rocié en la habitación, me puse guantes y con un destornillador forcé la cerradura de la puerta de la recámara. Después llamé por teléfono a Rogelio y fingiendo bien mi papel de víctima histérica, le dije que habían entrado los ladrones a la casa.

Él pidió que me calmara y que llamara a la Policía. Tiempo después llegaron dos agentes uniformados y tres de la D. I. J.

Tomaron huellas y encontraron la lata del spray.

—Por esto usted no despertó, señora. Necesitamos que nos diga qué se llevaron.

—No sé. A simple vista pareciera que no se llevaron nada.

—Ellos siempre buscan dinero o joyas.

—Dios mío, ¡ayer saqué mis prendas del banco!

Con paso inseguro me dirigí hacia la recámara.

—¡Se robaron mis prendas y dos mil dólares en efectivo!

El agente que hacía el informe me pidió un detalle de las prendas. Entonces pensé que podían rastrear las casas de empeño donde las había vendido y les dije que no conservaba las facturas porque casi todas eran regalos.

El agente se encogió de hombros y siguió con su trabajo. Tomó los nombres de todos los que vivíamos en la casa y los que ocasionalmente la visitaban. Estaba interesado en el nombre de la empleada. «Las domésticas casi siempre son cómplices de estos robos», decía una y otra vez. Le di la información y prometieron llamarme para que fuera a las oficinas a rendir declaración. Poco después de que la Policía se retiró, llegó Rogelio con su esposa para brindarme apoyo.

CAPÍTULO 2

Me quedé en casa esperando que Alberto me llamara. Rogelio le había avisado del robo. Como a las diez de la mañana, tocaron el timbre de la puerta. Eran dos agentes de la Dirección de Investigación Judicial quienes manifestaron su deseo de interrogar a la empleada. La señora Berta estaba nerviosa. Les dije que no lo creía necesario. Confiaba en ella, ya que había trabajado para nosotros por más de diez años. Además, había sido la niñera de mi esposo. Berta empezó a llorar y no atinó a responder a ninguna pregunta. Me sentí una miserable. Aunque ella nunca había sido santa de mi devoción, sabía que, a su edad, era injusto someterla a semejante humillación. Sin embargo, no podía intervenir de una manera enérgica porque sospecharían. Uno de los agentes amenazó con llevársela si no cooperaba. En ese preciso momento se abrió la puerta y entró Alberto. Al ver la escena, preguntó qué sucedía. Ella corrió y lo abrazó. Sentí celos al ver que a mi esposo no le preocupaba lo que a mí me pasara, solo el lloriqueo de esa vieja maldita.

Alberto habló con los agentes y les dijo que no les permitiría presionar a Berta, que ella era más importante que las joyas. Mientras eso sucedía, permanecí en silencio esperando que él me mirara. Cuando al fin lo hizo, sus ojos eran duros; en forma airada me reprochó por haber permitido que avasallaran a Berta. Le contesté que les había explicado lo fundamental que era ella para nuestra familia. Entonces preguntó que si su hijo se había enterado del robo.

—No, todos estábamos dormidos, yo me desperté poco después.

Los agentes de la D. I. J. se retiraron y me solicitaron que fuera en la tarde a firmar la denuncia. Asentí con un ligero movimiento de la cabeza.

Alberto se acercó y me preguntó qué se habían llevado los ladrones. Le respondí que todas las prendas y dos mil dólares en efectivo. Me dio la impresión de que a él no le importaba la pérdida de las joyas ni el dinero, más bien se sentía frustrado por tener que interrumpir su viaje.

Esa tarde llegué a la oficina de la Dirección de Investigación Judicial para firmar la denuncia. Me hicieron esperar horas. Sin embargo, cuando abandonaba el lugar, el jefe encargado de las investigaciones me solicitó que pasara a su despacho. Me acosó con varias preguntas hasta que, disgustada, le grité que yo no era la delincuente y que si el proceso tomaba ese rumbo prefería renunciar a recuperar mis alhajas.

Después del informe de los peritos, la investigación dio un nuevo giro. Se probó que la puerta no había sido violada, sino que fue una simulación y que el ladrón tenía las llaves. El jefe de detectives llegó a muestra residencia como a las cuatro de la tarde y nos entrevistó. Alberto estaba conmocionado. Las llaves del apartamento solo las teníamos él, Berta y yo. El detective insinuó volver a investigar a la empleada, pero esta vez fui yo la que me opuse y Alberto me secundó. Dije que retiraríamos la denuncia, ya que no deseaba que molestaran a Berta. El inspector afirmó que seguiría con la investigación, pues el caso era un reto para él.

—Señora Zorel, usted me dijo que no tenía las facturas, me imagino que me puede dar una descripción de las prendas.

—Ella no las tiene, pero yo sí las conservo. Se las busco de inmediato —dijo Alberto.

Sentí un vuelco en el estómago y una opresión en el pecho que casi no me permitía respirar. La situación se complicaba y no sabía qué hacer. Alberto regresó con las facturas y se las entregó al detective. Una vez quedé a solas con él, me preguntó por qué no había entregado las facturas, si yo sabía dónde estaban.

—En esos momentos no me acordaba y tú sabes cómo se siente una de vulnerable cuando un delincuente entra a su casa. No tienes idea lo que pasa por la cabeza. El ladrón pudo haber matado a tu hijo o violarme.

—Perdona, tienes razón.

Semanas después mi vida había recobrado su normalidad. Esa mañana, mientras me bañaba, sentí un bulto en mi seno izquierdo. Tenía más de dos años de no asistir a mis controles de rutina. Me invadió el miedo, había descuidado mi salud y las consecuencias podrían ser devastadoras. Hoy mismo resuelvo ese problema, me dije. Recordé que cerca de mi centro comercial preferido había un centro médico.

Lo primero que hice fue llegar a radiología y solicitar que me hicieran una mamografía de rutina. La radióloga estaba presente y prometió darme el resultado rápido. Le dije que iría al centro comercial y que regresaría. Recorrí varios almacenes, no compré nada. Estaba preocupada. Por primera vez las compras dejaban de ser el centro de mi vida.

Recibí una llamada por el celular. Era Alberto quien me pedía que fuera de inmediato a su consultorio. Tenía algo urgente que tratar conmigo. Su tono de voz era tan severo, que temí lo peor. Le comenté lo de la mamografía y le dije que debía buscar el resultado.

Cuando llegué a la clínica, en el rostro de la doctora se reflejaba un gesto de preocupación. Me pidió que me sentara.

—Zorel, ¿tu ginecólogo es el doctor Arturo González?

—Sí, ¿por qué?

—¿Cuánto tiempo llevas sin consultarlo?

—Dos años, ¿pero a qué se deben tantas preguntas? No me asuste.

—No se trata de alarmarte, le enviaré la mamografía y el reporte a tu médico.

—Quiero ver el resultado ahora mismo. Estoy segura de que me está ocultando algo grave.

—Creo que es conveniente que tu ginecólogo sea el primero en ver el reporte.

—¡Basta! ¡Quiero que me lo entregue ahora mismo!

—Tranquila, Zorel, debes tomar esta situación con mucha calma, el estrés puede complicar tu estado.

—¡¿Qué estado?! O me da el examen o empiezo a gritar.

La doctora no tuvo otro remedio que entregarme el resultado. El sobre estaba cerrado y en ese momento me dio miedo abrirlo.

—¿No lo vas a abrir?

—No, voy a esperar que el médico lo haga. Hoy mismo pediré la cita.

—Ya lo hice, la tienes a las tres de la tarde.

Si antes estaba asustada, ahora estaba aterrada, ¿por qué razón la radióloga se tomaba tantas molestias? Salí de la clínica como hipnotizada y al llegar al carro, volví a escuchar el timbre del celular. Contesté enseguida. Era Alberto que estaba impaciente porque no había llegado.

Un grito se escapó de mi garganta y Alberto tocó la puerta del baño, esta vez con más fuerza. La abrí y salí tambaleando. Le entregué el informe, mientras lloraba sin consuelo. Él leyó el reporte de la mamografía y preguntó:

—¿Tienes cáncer?

Asentí con la cabeza, sin pronunciar palabra, en evidente estado de shock. El inspector Navarro se levantó y me ayudó a sentar.

—Lo lamento mucho, señora. Este es un asunto delicado y no quiero ser inoportuno. Los dejo solos.

Alberto se batía en un mar de incertidumbre, no era el momento para aclarar la situación con Zorel. Ella estaba desolada y él la amaba ahora más que nunca. Cualquier cosa que hubiera hecho, no significaba nada. A lo mejor estaba viviendo sus últimos días. Se acercó y la abrazó con fuerza.

—No tienes de qué preocuparte. Mañana mismo salimos para los Estados Unidos.

—No, prefiero atenderme aquí. Tú mismo me has dicho que hay excelentes médicos. Además, ya la radióloga me sacó cita con el ginecólogo.

—Esto lo tiene que tratar un oncólogo.

—Recuerda que el doctor González es ginecólogo oncólogo.

—Tienes razón, te acompañaré a la cita.

—¿Para qué me mandaste a buscar?

—Nada de eso importa ahora; solo debemos enfocarnos en buscar tu cura.

—¿Qué hacía el inspector Navarro en tu oficina?

—Encontraron tus alhajas.

En el momento en que Alberto fue al baño, aproveché para echarle un vistazo a los papeles que tenía en su escritorio. Entonces encontré la foto; era de esas sacadas de los videos de seguridad, bastante borrosa, pero indudablemente era yo. El título decía: «Sospechosa en la venta de las alhajas de la familia Arias». ¡Dios mío, me habían descubierto! Coloqué los documentos y la foto en el escritorio y me alejé hacia el otro extremo de la oficina. Alberto salió del baño y me invitó a almorzar en un restaurante cercano.

—No tengo hambre. Mejor vamos a la casa y comemos cualquier cosa.

—Tienes que alimentarte. De ahora en adelante, me encargaré de eso. Ya Berta había comentado que llevas varios meses casi sin comer. Ese era un síntoma de la enfermedad, descuidaste tu salud y estas son las consecuencias.

—No me regañes, no sabes lo triste que estoy.

Después del almuerzo nos fuimos a la cita con mi médico y tuvimos que esperar. Me di cuenta de que Alberto hizo dos llamadas, una a Rogelio y la otra a don Raúl, aunque él pensó que no escuchaba porque fingí estar dormida. Les pedía a los dos que no me comentaran nada del préstamo, ya que estaba enferma.

El médico nos hizo pasar y, luego de la revisión rutinaria y de leer el reporte de la mamografía, nos informó que el tratamiento a seguir dependía del diagnóstico histopatológico del tumor. Que, por lo tanto, era indispensable realizar una biopsia de los tumores ante la sospecha de que fueran cancerosos.

—Existe una manera útil de definir la agresividad de un cáncer, y es clasificándolo según la etapa de desarrollo en que se encuentra, es decir, si es incipiente o avanzado. De estos hechos, depende no solo la certeza del tipo de enfermedad que tratamos, sino el tratamiento y el pronóstico de la paciente.

Mientras escuchaba hablar al médico, me di cuenta de que se dirigía únicamente a su colega, no a mí. Él continuó con sus explicaciones.

—Buscamos erradicar definitivamente el cáncer, lo cual puede lograrse en las etapas más tempranas de la enfermedad.

—Y el tratamiento, ¿qué contempla? —preguntó Alberto.

—Las modalidades típicas de tratamiento son la escisión del tumor y del tejido circunvecino con disección axilar o bien la mastectomía radical. En ambas modalidades, luego de la cirugía, se recomienda la quimioterapia, la radioterapia o ambas, si es necesario.

—¿Y qué me dice del pronóstico? —lo interrumpió Alberto.

El doctor González respondió despacio para que sus palabras cobraran mayor resonancia:

—En su inicio es bueno si se establece el diagnóstico a tiempo y se realiza el tratamiento adecuado, pero en las etapas más avanzadas el pronóstico es sombrío.

Impaciente, me levanté y le dije al doctor que me explicara, con palabras simples, todo lo concerniente a mi enfermedad.

—Señora, se trata de un síndrome, las células de su organismo se han alterado de tal forma que se multiplican una y otra vez hasta producir millones de células hijas, igualmente alteradas. Eso es lo que llamamos cáncer.

—¿Por qué sucedió eso? ¿Qué hice mal? —pregunté.

—No es una pregunta tan simple de responder. Los estudios efectuados hasta la fecha recogen una amplia gama de factores: predisposición genética, un ambiente hormonal adverso, incompetencia inmunológica, exposición a elementos carcinógenos, situación personal o demográfica desfavorable. También repercuten otros factores como el consumo de alcohol y de tabaco, el estrés psicológico, el hipotiroidismo, la obesidad, la diabetes y el alto consumo de grasas…

—Doctor, no siga, es como si me dijera que el estar vivo es una causa…

El mundo se derrumbaba a mis pies. Era una experiencia dura para mí y también para mi esposo. Me sentía una persona saludable, no estaba en sobrepeso, no fumaba y no tenía ningún otro síntoma. Nadie podría sospechar que tuviera un cáncer. El doctor me explicó que tenía dos opciones: una cuadrantectomía o una mastectomía. Luego enumeró las ventajas y desventajas de ambas operaciones.

Esa noche llegué a casa como si me hubiesen caído cincuenta años encima. No quise pensar en nada ni tomar ninguna decisión, pero al día siguiente lo primero que hice fue pedir una segunda opinión, para lo cual visité a otro ginecólogo, amigo de mi esposo, y le llevé el resultado. Luego regresé donde el cirujano oncólogo y le comuniqué mi decisión de optar por la cuadrantectomía.

El doctor González programó la cirugía para la siguiente semana. Permanecí tres días en el hospital. Extirparon varios ganglios y me dieron la mala noticia de que cuatro de los once ganglios extraídos habían resultado positivos. De modo que, debía recibir tratamientos de quimioterapia y radioterapia.

Las secuelas del tratamiento fueron terribles. Soy una mujer que le da mucha importancia a la apariencia física y lo peor de toda la enfermedad fue la caída del cabello. A las tres semanas de la primera quimioterapia, el mismo día que me tocaba la segunda, se me empezó a caer por mechones. Luego, me proporcionaron treinta y seis radioterapias.

A los dos meses de tratamiento se me bajaron las defensas, pesqué un resfriado que se convirtió en pulmonía. Estuve nueve días hospitalizada y fue terrible porque había la posibilidad de que en lugar de pulmonía fuera una metástasis en el pulmón. No fue así, por suerte, y continué los tratamientos hasta el final.

Alberto no se apartó un solo momento de mi lado. Realmente no merecía su amor. Él mismo me hacía las curaciones y yo no soportaba descubrirme ante nadie. Necesitaba tiempo y pasé por un proceso de adaptación para aceptar mi nuevo cuerpo. Entonces mi esposo me aconsejó pedir ayuda a un especialista.

La recomendación de visitar un sicólogo fue importante porque muchas veces uno se niega a admitir su propio problema. Toda mi vida la había pasado huyendo y escapando de mis responsabilidades. Una vez más me comportaba como si nada hubiera pasado. Estaba preparando una nueva huida. Entonces recordé que tenía más de tres meses que no pisaba el centro comercial ni compraba nada. A mi mente llegaron las imágenes de mis errores: el autorrobo, las mentiras, la forma como había huido de todo ese desastre, siempre escapando. Una grave enfermedad me había salvado de asumir las consecuencias de mis actos, pero el precio que estaba pagando era alto y si sobrevivía al cáncer, buscaría ayuda para curarme de esa otra enfermedad, que podía ser tan grave como esta.

Decidí ir a recortarme el cabello, ya me había crecido y aunque lo tenía corto, se me veía bien. El salón de belleza que frecuentaba quedaba justo en el centro comercial que tanto me gustaba. Sin desviarme, fui directo al salón de belleza para no caer en la tentación y agradecí que mi estilista no hiciera preguntas. Era discreta. El corte me quedó bien. Después, recorrí varias tiendas y me di cuenta de que no estaba curada de mi manía de comprar. Miré la vitrina de uno de los almacenes. El vestido que exhibían era espectacular. «Yo me lo merezco, después de pasar por toda esta tragedia, merezco un premio, he sido valiente», pensé.

Entré al local y perdí la noción del tiempo. Alberto había restablecido mis tarjetas de crédito para que pudiera pagar los tratamientos. Al salir del almacén me sentía culpable: había firmado un recibo de crédito por tres mil cincuenta dólares. Bajé del auto las bolsas con las compras. Abrí la puerta y Berta se apresuró a quitarme los paquetes. En el comedor estaba Alberto.

—Me imagino que estás mejor, cuando te animaste a salir de compras. Además, fuiste al salón de belleza. Te ves linda.

Esa condescendencia me dolió más que sus reproches. Me dejé caer sobre uno de los sillones de la sala y comencé a llorar.

—Nena, no te he regañado. Me alegra mucho que te hayas animado a salir.

—No te imaginas cuánto gasté.

—No me interesa, ahora lo que importa es que recuperes tu alegría y que te cures.

—Gasté más de tres mil dólares.

—No te preocupes.

—Tengo que hacerlo. Estoy enferma y no sabes hasta qué punto.

—Después de que te cures del cáncer buscaremos un buen siquiatra.

—No sabes a los extremos a los que he llegado.

—Lo sé, el inspector Navarro lo descubrió. El día que llegaste con el resultado de la mamografía, el inspector me rindió un informe y me mostró una foto del video de seguridad de una casa de empeños donde se veía la persona que había vendido las prendas. Aunque no se apreciaba bien, al contemplarlo no tuve dudas de que eras tú.

—Lo imaginé y utilicé mi enfermedad para escapar de esa responsabilidad.

—No tienes de qué preocuparte. Le pedí al inspector Navarro que suspendiera toda investigación y él estuvo de acuerdo en retirar la denuncia.

—Alberto, no te merezco.

—Estás enferma. Lo de la nana es apenas una parte, quizás la menos grave. Voy a buscar ayuda para que recuperes tu vida. ¿Quieres curarte?

—No sé si pueda.

—No te pregunté eso, sino si quieres hacerlo.

—Sí quiero. Mi vida es un caos, ayúdame.

—Lo haré.

—No deseo esperar más, quiero que me saques cita con un sicólogo cuanto antes.

—Ya estuve haciendo algunas indagaciones y creo que lo indicado es un siquiatra especialista en adicciones.

—¿Existe esa especialidad?

—Sí, es relativamente nueva.

Después de tomar esa decisión, sentí un gran alivio. No sé si lograría liberarme de la adicción a las compras, pero sí sabía que iba a poner todo mi empeño en lograrlo. El último año, mi vida se había convertido en una vorágine y la velocidad de los acontecimientos había superado mi capacidad de resistencia. Esta batalla la tenía que librar casi sin fuerza, pero era ineludible y no podía seguir viviendo en condiciones tan deplorables. Cada día mi autoestima y mi dignidad se resentían.

CAPÍTULO 3

El doctor Aparicio nos recibió en la puerta y nos hizo pasar. No sabía por dónde empezar y cuando nos preguntó el motivo de la consulta, Alberto le contó que me había sometido a una cirugía por cáncer de mamas y que yo estaba nerviosa.

—Disculpe, doctor, esa no es la causa principal de la consulta.

Hice una pausa y el más sorprendido fue Alberto. El siquiatra esperó que yo continuara.

—Soy compradora compulsiva. He perdido el control y mi vida es un desastre. Mi esposo me dijo que usted es especialista en adicciones y yo soy una adicta.

—Zorel, me alegro mucho de que lo reconozca. Este es el primer gran paso para la recuperación. Mientras no se haga, el problema persiste.

El siquiatra nos informó que tenía un Centro de Rehabilitación para adictos que había establecido para el control de las adicciones «no tóxicas», entre las cuales se encontraba la oniomanía. En ese centro, luego del proceso de evaluación, se manejan otros aspectos como la ocupación del tiempo libre de los pacientes, intentando establecer objetivos y compromisos terapéuticos.

El doctor Aparicio nos entregó una copia del documento donde explicaba el programa de rehabilitación.

—Usted verá que es una investigación seria. Con encuestas, seguimiento a los pacientes recuperados y un estudio profundo de los que no han tenido éxito con la terapia.

Nos despedimos del siquiatra. Estaba ansiosa por llegar a casa para leer el documento. El médico me pareció un hombre serio y con deseos de ayudarme. Leí el folleto dos veces y busqué información en Internet. Este tipo de terapia había sido implementada en varios países con éxito. Como a las cinco de la mañana fui a la cocina y preparé una taza de café. Alberto, que ya se había levantado, entró y preguntó por qué no me había acostado en un tono severo que me recordó que necesitaba descanso.

—Lo único que necesito es liberarme de mi adicción y creo que voy por buen camino. Por primera vez en mi vida hago algo para resolver el problema, siempre me ocupo del conflicto y nunca de las soluciones. Esta vez estoy haciendo lo correcto, por favor, no me reprendas.

—Tienes razón. A partir de hoy comienza una nueva vida para nosotros. Vive cada día a la vez, recuerda lo que dijo el siquiatra.

—En el programa de rehabilitación nos van a instruir para enfrentar la adicción y los conflictos que nos llevaron a ella. Me he pasado la vida huyendo. Ahora voy a enfrentar mi pasado y después de superar mis traumas, entonces, solo entonces, podré olvidar el dolor y recordar las enseñanzas.

—Ese es el punto de vista correcto. Sé que lo vamos a lograr. Va a ser difícil, pero tú sabes que siempre hay que luchar para conseguir lo que vale la pena.

Alberto me pidió el documento para leerlo. Más tarde me llamó por teléfono para decirme que había concertado una cita con una de las pacientes recuperadas, la señora Aguilar. En el ensayo había varios testimonios de pacientes recuperados, con sus respectivas direcciones y números telefónicos. La paciente que había escogido mi esposo había sido una compradora compulsiva.

Llegamos a nuestra cafetería preferida, donde la señora Aguilar nos esperaba. Ella nos hizo una señal con la mano para que nos acercáramos. La contemplé con admiración, estaba vestida con sencillez, pero lucía sobria y elegante. Lo que más me impresionó fue la serenidad que reflejaba su rostro. No había duda, estaba recuperada. Después de las presentaciones, Alberto le pidió que nos hiciera un relato de su problema y de su proceso de recuperación.

—Eso fue hace cinco años. Unas amigas llegaron a mi oficina para invitarme al casino. Aunque en mi empresa yo no tenía horario, me gustaba cerrar. Ellas nos esperaron y nos dirigimos al casino más importante de la zona. No sabía jugar en las máquinas tragamonedas y se burlaron de mí. Coloqué una moneda de veinticinco centavos y no presioné el botón de inicio del juego. Solo había cambiado cinco dólares y cuando deposité la última moneda, escuché un ruido que me asustó mucho. Todas se acercaron para ver cuánto había ganado. No lo podía creer, eran cuatrocientos ochenta dólares. Recuerdo que grité que no iba a seguir jugando y que deseaba que me cambiaran el dinero para irme a casa. Cambié el dinero, pero no permitieron que me marchara. Ellas también habían ganado y decían que yo les había dado suerte. Ese fue el comienzo de la pesadilla.

Sin poder controlar la ansiedad, interrumpí a la señora Aguilar, advirtiendo que mi adicción era la compra compulsiva y no el juego patológico. Ella nos explicó que padecía ambas adicciones, que primero fue la ludopatía y todo el dinero que ganaba en el juego se lo gastaba en compras innecesarias. De una adicción cayó en la otra y su vida se convirtió en un caos. Arruinó su empresa y tuvo que cerrarla. Su matrimonio se destruyó, perdió su autoestima y la depresión la consumió por años. Sus dos hijos adolescentes la abandonaron y se fueron a vivir con su exesposo. Además, su propia familia renegó de ella. La única persona que la ayudó fue su tía Andrea, una anciana con temple de acero que la llevó al Centro de Rehabilitación del doctor Aparicio.

La señora Aguilar nos comentó que su recuperación tomó casi dos años. Su vida se había estabilizado y ahora trabajaba en una pequeña empresa, como asistente del gerente general. También nos comentó que estaba ahorrando para establecer una empresa similar a la que tenía antes. Quise saber si se había reconciliado con su exesposo. Alberto me reprendió diciendo que no fuera indiscreta. La señora Aguilar sonrió y respondió que comprendía mi curiosidad.

—No, ya nuestra relación estaba destruida y tiempo después del divorcio, él volvió a casarse.

Mi tristeza fue tal que la señora Aguilar sonrió y nos comentó que tenía otra relación. Se había dado una nueva oportunidad con un señor divorciado que tenía su misma edad, y lo más importante era que la quería, a pesar de que ella desde el principio le contó sin reparos toda su vida. Después de escuchar el testimonio, le di gracias al cielo por tener un hombre tan comprensivo como Alberto. Sin darme cuenta, lo había dicho en voz alta y Alberto se apenó. La señora Aguilar reconoció que la mayoría de los cónyuges de personas adictas las abandonan y felicitó a mi esposo por ser la excepción de la regla.

Nos despedimos agradeciéndole su tiempo y su ayuda. Al llegar a casa, me sentía con esperanzas. La sensación de que Dios moraba en mi interior me dio mucha fuerza y le dije a Alberto que necesitaba ir a la iglesia más cercana. Se ofreció a acompañarme. Le dije que eso lo tenía que hacer sola. Llegué a la iglesia y fui directo a la oficina parroquial, preguntando si había algún sacerdote en disposición de atenderme.

—¡Necesito confesarme! ¡Por favor, que alguien me atienda!

Un sacerdote se acercó al oír mi inquietud y pidió que me calmara. Le dije que Dios había entrado en mi corazón y que no quería tener la casa sucia. Él comprendió mi metáfora y accedió a confesarme. La confesión fue extensa, el sacerdote me escuchó en silencio. La penitencia fue solo un Padre Nuestro. Extrañada, le pregunté por qué no me ponía una penitencia más severa. Nunca olvidaré sus palabras cuando dijo que yo había pagado todos mis pecados, porque había estado en el infierno. Le pregunté el nombre al sacerdote.

—Soy el padre Ángel —respondió.

Al salir de la iglesia me sentí liberada y la paz llenó mis espacios vacíos. Al llegar a casa, Alberto me esperaba, le conté que me había confesado y lo diferente que me sentía. Él se alegró mucho y dijo que al día siguiente le confirmaríamos al doctor Aparicio mi ingreso en el Centro de Rehabilitación.

EL ENCUENTRO

CAPÍTULO 1

El doctor Aparicio citó a las pacientes a la misma hora para impartir las instrucciones del ingreso. El grupo estaría formado por tres personas, Rebeca, adicta al juego, Zorel, a las compras, y Camila, quien tenía una adicción afectiva. La primera en llegar fue Rebeca. Luego llegaron Zorel y Camila. El siquiatra presentó a los especialistas que coordinaban las reuniones en el Centro de Rehabilitación. El equipo de la clínica estaba integrado por un siquiatra, un sociólogo, una sicóloga y un guía espiritual. Los enfoques de cada uno de los especialistas eran diferentes, pero se complementaban. El jefe del grupo era el doctor Aparicio, quien les explicó los diferentes roles de cada uno.

Una vez conformado el proyecto de rehabilitación, el tratamiento terapéutico sería de cuarenta semanas, doce en terapia individual y veintiocho en terapia grupal. El sociólogo se ocupó de organizar el registro.

Se ubicó a cada una de las adictas en una habitación que compartirían con otra paciente de más experiencia y estabilidad para que les explicara el funcionamiento del centro y les ayudara a adaptarse. Se establecieron entrevistas individuales y se elaboró un proyecto personal de tratamiento.

Después de varios días, las pacientes tuvieron una idea clara de la psicoterapia. Es decir, de alguna forma apareció la conciencia de hacerse cargo de su propia responsabilidad.

Las primeras semanas fueron terribles para Rebeca, Zorel y Camila. No se les permitió recibir visitas y el trabajo era tan extenuante, que Camila estuvo tentada a retirarse del centro.

Esa tarde, Camila tendría su primera cita con un guía espiritual, pero ella nunca se hubiera imaginado que se tratara del padre Ángel Alonso, su confesor. Por eso, cuando él entró en la oficina donde se llevaría a cabo la entrevista, ella, extrañada, le preguntó por qué se encontraba allí. Él respondió que era el guía espiritual del centro. En esa aparente coincidencia, ella vio la mano de Dios.

Rebeca y Zorel, por su lado, se adaptaron con menos dificultad al centro que Camila. El proceso de trabajo no es el mismo en grupo que en forma individual. La posibilidad de enfrentarse a otro puede resultar incómoda para ciertas personas. Ellas habían ocultado a sus familias y amigos su adicción y ahora tendrían que compartir ese secreto con gente extraña.

En la primera reunión del grupo se trató el aspecto espiritual y aunque estaban presentes los otros terapeutas, fue el Padre Ángel quien presidió la reunión. En primera instancia, el sacerdote reflexionó sobre el evangelio de Lucas, que habla de la higuera que no da frutos: Un hombre tenía una higuera que crecía en medio de su viña. Un día fue a buscar higos, pero no los halló. Dijo entonces al viñador: mira, tengo tres años que vengo a buscar higos a esta higuera, pero nunca encuentro nada. Córtala. ¿Para qué va a ocupar un terreno en balde? El viñador contestó: Señor, déjala un año más y mientras tanto cavaré alrededor y le echaré abono para ver si da frutos. «Si no, la cortaré». El esfuerzo que hagamos será como el del viñador, que cavará a su alrededor con la opción de una vida productiva de amor y conversión. Puede que así se rehabiliten y den frutos. Si no es así, la vida se encargará de cortarlas y echarlas al fuego.

A Rebeca la impresionó mucho esa parábola. Ella se sentía como aquella higuera que tirarían al fuego y esta era, probablemente, su única oportunidad de salvación.

El doctor Aparicio les explicó a Camila, Zorel y Rebeca que hay tres etapas en la recuperación de la adicción: La primera es la toma de conciencia, es decir, asumir quiénes somos realmente, con todas nuestras posibilidades. La segunda es la transformación, o sea, cómo cambiar, cómo liberarse de los patrones de conducta que llevan a las adicciones. La tercera es la intención, que es lo que permite que la transformación sea posible.

—Además, deben desear verdaderamente esa recuperación y tomar conciencia de que la misma pasa, entre otras cosas, por la necesaria abstinencia. También deben asumir la responsabilidad y las consecuencias de sus comportamientos vinculados con su adicción. Deben conocer sus puntos vulnerables en cuanto a posibles recaídas y adquirir estrategias que les permitan enfrentar las mismas —agregó el Doctor Aparicio.

CAPÍTULO 2

El programa de rehabilitación funcionó de forma cerrada. Se evaluaron las expectativas de las participantes y se definió la tarea del grupo. En el primer período fue evidente la existencia de un pacto de silencio. En el segundo, las participantes se empeñaron en negar el hecho traumático que padecían. Y en el tercero, se realizó un debate grupal. A medida que el programa fue avanzando, la resistencia de las adictas fue cediendo.

El doctor Aparicio les explicó la conveniencia de hablar de sus sentimientos reprimidos y afirmó que la palabra es un poderoso medio de comunicación y una excelente terapia. El padre Ángel, por su parte, aseveró:

—Quien no se comunica, ni se abre, ni se relaciona, no logra hacer amistades verdaderas. La desconfianza es falta de fe en sí mismo, en los otros y en Dios.

Rebeca comprendió que, si había una mínima oportunidad, debía aprovecharla contando la verdad. La sola idea de tener que pasar años o meses, detrás de esos muros y entre personas dignas de compasión por su desvarío, la volvía loca. Ella iba a cavar para sacar la mala semilla de su vida: su gran pecado sepultado por el miedo y la vergüenza.

—Yo fui capaz de agredir a una persona por recuperar la escritura de mi casa, la que había puesto como garantía de una deuda de juego. Mi esposo debió afrontar la posibilidad de tener que pagar una gran cantidad de dinero cuando el agiotista apareció a reclamar la cuenta, con amenazas. Por obra de Dios, las autoridades lo detuvieron en esos días, acusándolo de integrar una red de timadores vinculados con el blanqueo de capitales y otros delitos. Puse en riesgo todo lo que tenía, a mis amigos, a mi esposo, a mi hogar, todo por el juego.

El padre Ángel se acercó a la mujer para tratar de calmarla. Rebeca daba la impresión de estar desamparada y necesitada de ayuda. La dureza que de ordinario reflejaba su rostro había desaparecido. El octor Aparicio le solicitó al sacerdote que permitiera a Rebeca expresar su dolor.

—Designar un espacio y un momento para conectarse con el dolor es saludable —indicó el siquiatra.

Rebeca le contó al grupo a los extremos que había llegado, traicionando a su esposo y cometiendo un delito grave. Ese sufrimiento la obsesionaba de tal forma, que había perdido la paz y cada día se sentía más perturbada.

El padre Ángel lo interrumpió para decirle:

—La verdadera justicia consiste en pagar solo una vez por cada error. Es injusto pagar varias veces por lo mismo. Cada vez que lo recordamos, nos juzgamos, volvemos a sentirnos culpables y nos castigamos de nuevo.

La más impactada fue Camila. Ella, que pensaba que era la mujer más desafortunada del mundo, nunca llegó a esos extremos. Rebeca contó con lujo de detalles su vida, sus frustraciones y el odio que sentía hacia sí misma. El padre Ángel le preguntó si había algo positivo que pudiera resaltar. Ella sonrió y respondió que estaba casada con un hombre maravilloso, que la amaba, y que había descubierto que hay amigos incondicionales, que se preocupan por uno, que procuran lo mejor para sus amigos, y mencionó a Graciela.

Rebeca era una mujer disminuida por el sufrimiento. Así lo demostraba su apariencia: los ojos húmedos y a punto de llorar, las comisuras de los labios ostensiblemente curvadas, el rostro desencajado, la postura corporal encorvada, y siempre cabizbaja. Su mirada se teñía de un extraño gris plomizo.

—La tristeza es una forma eficiente y primitiva de comunicar que estamos mal y que clamamos por ayuda. La expresión de una persona triste nunca pasa inadvertida —dijo el doctor Aparicio.

—Cuando estamos tristes, el organismo comienza a funcionar con lentitud. La naturaleza nos obliga a hacer un alto en el camino, ya sea para pensar o para descansar. Les aconsejo que se hagan esta pregunta: ¿a dónde vamos tan rápido? Cuando nos sentimos tristes, la naturaleza nos ofrece, al menos, tres opciones de supervivencia: conservar la energía si estamos ante una pérdida afectiva; pedir ayuda si nos sentimos desamparados; o buscar soluciones almacenadas, si tenemos un problema difícil de resolver —aseveró la sicóloga.

El doctor Aparicio estableció la diferencia entre la tristeza y la depresión, resumiéndola así:

—La depresión no es tristeza, y es fundamental establecer la diferencia para saber cuándo preocuparse. En la depresión siempre hay una tendencia al desamor personal y a la baja autoestima. En la tristeza, a pesar de todo, el sujeto sigue queriéndose a sí mismo. En la depresión hay un claro sentimiento autodestructivo, que puede incluso llevar a la muerte. La persona depresiva siempre busca la soledad y el aislamiento afectivo.

—La depresión psicológica es uno de los peores inventos de la mente. Su origen está arraigado en el desamor y la soledad creada por la cultura del abandono —agregó la sicóloga.

—La mejor cura para la tristeza es la alegría. Ella saca a relucir lo bueno que hay en cada uno de nosotros. Nos indica el sendero que deberíamos transitar si la humanidad no hubiera desviado el camino. La alegría facilita la recuperación de los períodos de estrés y enfermedad. La alegría y el amor son compañeros inseparables —terció el padre Ángel, acercándose a Rebeca.

—Va a ser difícil para mí recuperar la alegría. No recuerdo cuándo fue la última vez que sonreí —respondió Rebeca, mordiéndose las uñas.

El doctor Aparicio confrontó a Rebeca con su adicción al juego. Le explicó a ella y a los presentes que nada se improvisa en los casinos, que todo está debidamente estudiado para ejercer la mayor presión sobre el individuo.

—Todo, absolutamente todo, desde la decoración hasta el ambiente, está diseñado para incentivar al jugador a quedarse a jugar y gastar más. Utilizan trucos sutiles y casi imperceptibles, como las luces, la música, la falta de relojes, la posición de las máquinas tragamonedas o de las ruletas. Todo está preparado para que el jugador se sienta eufórico. No hay relojes para que se pierda la noción del tiempo y llega el momento en que no se sabe si es de día o de noche. Incluso los tapices, el color y la disposición de los muebles y de las máquinas desorientan al visitante. En las máquinas tragamonedas usan luces y música que estimulan y condicionan al visitante a continuar jugando. Los casinos que se encuentran en los hoteles están pintados y decorados llamativamente para incitar y atraer a sus huéspedes. Una vez dentro, regalan comida y bebidas alcohólicas para que las personas puedan comer allí mismo sin tener que salir.

Rebeca guardó silencio y Camila aprovechó la oportunidad para expresar el sufrimiento que la aquejaba. Por primera vez lo hizo sin regodearse. Inició desde su niñez, con la decepción de su padre por no tener un hijo varón. La amargura de su madre que la culpaba. La traición de su novio y de su hermana. La muerte de ella y la culpa que la torturó por tantos años. Su matrimonio con Ramiro, las constantes separaciones y las súplicas para que él regresara. Al final, el divorcio y su venganza al encarcelarlo por medio de falsedades. El enigma de la desaparición de Ezequiel. Su intento de suicidio y sus pocos deseos de seguir viviendo.

—Un amor indigno es una forma de esclavitud, ya que los dueños nunca aman a sus esclavos; los explotan o se compadecen de ellos. Otra forma de humillación es el comportamiento degradante y manipulador, siendo común el suplicar, el caer de rodillas, llorar, y amenazar con el suicidio —afirmó la sicóloga, mientras daba un recorrido por el salón—. Si la persona acepta que se aprovechen de ella sin chistar, asegurándose su fuente de apego, entra en el fangoso terreno de la prostitución. En este tipo de relaciones, el usufructo no siempre debe estar relacionado con el dinero.

Como Camila se mantenía en silencio, el doctor Aparicio agregó:

—Usted se ha esforzado por complacer a todas las personas a su alrededor con el único fin de agradarlas y obtener la aprobación.

—No puedes continuar dilatando el problema. Llegó la hora de ponerle final; cuantas más cosas inconclusas dejes, más atrapada te quedarás en el pasado —agregó la sicóloga.

Camila entonces relató el incidente donde acusó a Ramiro injustamente de golpearla. Mientras lo hacía su rostro, adquirió una expresión de satisfacción indescriptible.

—No fue la mejor forma de cerrar la historia, pero por lo menos lo intentó. El organismo desarrolla fuerza y vigor a través de la ira para tratar de eliminar o sacar del medio al estorbo. La ira es una bomba atómica en miniatura que imprime vigor y fortaleza cuando un obstáculo nos impide alcanzar nuestro objetivo —dijo el doctor Aparicio.

Camila estaba distraída y recordaba con placer el rostro de Ramiro cuando fue arrestado. El doctor Aparicio hizo una pausa, tomó un vaso de agua y continuó.

—A la ira no manifestada y almacenada en el pasado se le conoce como rencor. Con el transcurso del tiempo, este encono puede convertirse en odio indiscriminado. Por eso, las personas que albergan resentimientos se vuelven amargadas, marchitas y enfermas, para ponerlo en lenguaje común y corriente.

—El rencor jamás se queda quieto, va socavando cada rincón del alma hasta eliminar todo vestigio de vida y bienestar, hasta convertirse en violencia pura —dijo el sociólogo.

Camila les habló de su relación con Ramiro, de sus sufrimientos. Esta vez fue el padre Ángel el que intervino.

—Sufrir no es un valor rescatable. Hay que deponer las armas y solo hacerse cargo de lo que en verdad es vital para uno. Colgar los guantes y privarse de nuevos golpes es prolongar la vida.

—El sufrimiento es el termómetro del alma, es la señal que te indica el camino para eliminar los esquemas mentales desacertados. Ese sentimiento te enseña el lado oscuro de la mente y las cosas que debes modificar —dijo la sicóloga, mientras miraba fijamente a los ojos de Camila. —Trata de reubicar el sufrimiento, reinterpretalo y dale un nuevo valor. Entonces se transformará en un acto de amor. El ser humano posee la facultad de trascender el dolor biológico y transmutarlo en valor, créeme —concluyó.

—Es fácil decir esas palabras cuando no se sufren. ¡Estoy harta de tanta perorata! Deme una medicina que me adormezca el alma —dijo Camila en tono irónico.

—¡Esa medicina no existe! De ahora en adelante, cuando el sufrimiento se haga notar, no intentes hacerlo desaparecer de inmediato. Míralo, descífralo, acércate a él con humildad para ver qué quiere. El sufrimiento te recuerda que eres capaz de transformar tu vida. Puedes aprender más de ti misma, aunque a veces duela un poco. No olvides que el dolor te trae un mensaje. Escúchalo, algo podrá decirte —respondió la sicóloga.

Camila la interrumpió:

—No es solo el sufrimiento lo que me atormenta, es el miedo lo que no me deja vivir. Ese es el sentimiento más fuerte que alberga mi corazón. Una sola palabra, una mirada, un ruido, cualquier incidente me provoca un temor intolerable. Es miedo a todo lo que me rodea, es miedo a la vida.

El doctor Aparicio intervino:

—La mente no solamente crea miedos irracionales como los fantasmas, los muertos, los cementerios, el fracaso, el ridículo, y la mala suerte, sino que también inventa la ansiedad, es decir, el miedo anticipado. La persona ansiosa no reacciona a los hechos, sino a lo que imagina de ellos, está atrapada, como usted en este momento, en una especie de realidad virtual amenazante de la que no puede escapar.

La sicóloga observó que Camila oprimía una mano contra la otra y su rostro reflejaba una tensión y ansiedad injustificadas. Respiró profundo antes de dedicarle estas palabras:

—El trastorno ansioso es una consecuencia lógica de poseer una mente inclinada hacia el futuro, pero incapaz de procesar el presente. El miedo forma parte de tu naturaleza, y está allí porque tú le das vida. Cada vez que sientan miedo, pregúntense, ¿qué me preocupa? La mente inventó la ansiedad, como una forma evolucionada de temor.

Mientras esto sucedía, Zorel permanecía en silencio y cuando el siquiatra le preguntó si deseaba comentarle su problema al grupo, ella respondió que no se sentía con fuerzas para agregar otra tragedia a todas las que había escuchado. El tiempo de la reunión había concluido y el doctor Aparicio le dijo que se preparara para la próxima sesión.

El centro tenía una bonita cafetería y Camila invitó a Rebeca y a Zorel a tomarse un café, pero Zorel se excusó aduciendo que se sentía cansada. Entre Rebeca y Camila se estableció un fuerte lazo de amistad que ellas mismas no se explicaban y en plan de broma, decían que habían sido hermanas en vidas anteriores.

Las reuniones con el grupo de terapia se realizaban tres veces por semana. En una de las sesiones, el doctor Aparicio le pidió a Zorel que contara su historia personal. Ella se puso de pie, dio dos pasos al frente y luego se dejó caer al piso. El sacerdote se acercó y la levantó. Zorel intentaba hablar, pero nadie la entendía. El doctor Aparicio le acercó un vaso con agua. Ella tomó dos tragos y se fue calmando poco a poco. Rebeca se acercó y la abrazó diciendo:

—Estás entre amigos, desahógate y te sentirás mejor, te lo aseguro.

Zorel, con voz casi inaudible, intentó, una vez más, expresar sus sentimientos.

—No tengo perdón, he llegado a extremos a los que nunca me creí capaz de llegar. Planeé un autorrobo, inculpé a una mujer que fue más que una madre para mi esposo y aunque ella me perdonó, yo jamás lo hice. Zorel se levantó y recorrió el salón.

—Por mi adicción a las compras descuidé mi hogar, mi hijo y mi salud; el cáncer me empezó a consumir. Estuve tentada a dejarme morir hasta que observé el dolor de mi esposo y me di cuenta de que no tenía derecho de hacerlo sufrir. Por esa razón, inicié el proceso de quimioterapia y radioterapia.

—La culpa nos ata con fuerza al pasado y nos imposibilita vivir el aquí y el ahora con tranquilidad. Es un lastre que hace más agotadora la vida. No necesitan castigarse para salir bien libradas. Si reemplazan la culpa por responsabilidad y compasión, asumirán el deber de la reparación —dijo el doctor Aparicio.

—Me cuesta mucho pedir perdón, reconozco mi culpa, pero…

—Para solicitar perdón, solamente se llega por un camino, la humildad, pero una humildad decorosa —agregó el padre Ángel.

En otra de las sesiones, las pacientes hablaron de su niñez, de sus temores, frustraciones y angustias. Las vidas de estas mujeres estaban inmersas en la violencia.

—Muchas veces nos gustaría pensar que nuestra familia nos proporciona protección contra el estrés y las tensiones de un mundo incierto. Esperamos encontrar seguridad y apoyo en aquellos con quienes nos relacionamos íntimamente. Para muchas personas ese anhelo no se satisface. Su propia familia es fuente de peligro más que de seguridad —dijo el sociólogo.

La sicóloga ayudó a Camila a entender la personalidad de Ramiro. Un hombre frustrado que no pudo lograr sus metas, era de suponer que atacaría a la persona más cercana. Camila, una mujer negativa, incapaz de buscar soluciones a sus problemas, prefería la lamentación y el pesimismo. Siempre escapaba, aunque con esa huida se metiera en otro peor.

—Camila, tú encontraste en la adicción una forma de evadirse. El rechazo a ti mismo y la ausencia de autoestima te hizo que te volvieras dependiente de una relación nefasta —concluyó la sicóloga.

—Ramiro maltrataba a Camila porque creía tener el poder, la autoridad y el derecho a hacerlo, especialmente cuando ella se salía de la raya. Su fracaso lo hizo dudar de su valor y se vio a sí mismo como un miserable. Por esa razón, proyectaba su resentimiento hacia su esposa y experimentaba la urgencia de dañarla, atacarla y destruirla —dijo el doctor Aparicio.

—Tuve dos relaciones nefastas y siempre pensé que todos los hombres eran iguales, sin embargo, el esposo de Zorel y el de Rebeca son hombres maravillosos. No entiendo la razón por la cual a mí me tocaron los peores —afirmó Camila con un dejo de tristeza.

—¿No será que tú buscas, inconscientemente, hombres de esa clase para después tener motivos para quejarte? —agregó Zorel.

—No digas estupideces. Yo siempre quise encontrar un hombre que me quisiera.

—Cálmate, Camila. Zorel tiene razón. Algunas personas son adictas al sufrimiento. Si tienes la necesidad de que te maltraten, será fácil que los demás lo hagan. Es una justificación para el sufrimiento —agregó el doctor Aparicio.

La sesión en la que el equipo trató los problemas de Rebeca fue intensa. En primera instancia, ella no era coherente en su relato, cayó en muchas contradicciones y en varias ocasiones el doctor Aparicio intervino para poner orden. Rebeca se disgustaba con las intervenciones de Zorel y Camila, diciéndoles que no estaban capacitadas para opinar. El doctor Aparicio le explicó que si cometían algún error, ellos las corregirían.

Rebeca contó que su padre siempre fue un apostador, hasta el extremo de jugarse el dinero de la comida. Y cuando su madre se preocupaba porque no había ni para los alimentos, él, burlonamente, decía que de cualquier herida saldría sangre. Después de esas pérdidas, salía a empeñar lo que encontraba de valor.

CAPÍTULO 3

En la siguiente sesión trataron, una vez más, el caso de Zorel y ella contó todas las privaciones económicas que sufrió en su niñez. Su madre, viuda desde los veintinueve años y sin una profesión que le permitiera conseguir un empleo, vivió en la más horrenda de las incertidumbres. Muchas veces se tuvieron que acostar sin comer en todo el día. Cuando murió su padre, Zorel tenía cuatro años y solo recuerda vagamente la muñeca que le regaló para la última Navidad. Ella guardó silencio y todos respetaron esa pausa.

—Lo único que sabía hacer mi mamá era cocinar. Comenzó por hacer empanadas, emparedados, y tiempo después preparó almuerzos. Así fue como me educó. No escatimó dinero ni esfuerzo para que yo tuviera mis libros y la matrícula del colegio. Nunca fui a una fiesta y mi juventud fue triste. La única ropa que tenía eran mis uniformes. Mi madre jamás me compró nada; aunque nuestra situación económica mejoró, ella siempre temió quedarse en la indigencia. Jamás dispuse de un solo centavo.

Zorel hizo otra pausa para recobrar el aliento y continuó.

—Cuando salí del colegio, me permitió trabajar en una boutique. El día que recibí mi primer salario, compré un vestido para cada una. Al día siguiente me obligó a regresarlos. Recuerdo que iba a trabajar con la falda del colegio y dos suéteres que ella me había comprado en un baratillo.

Zorel miró a cada una de sus compañeras de infortunio. Una sonrisa que parecía más una mueca afloró en sus labios.

—La boutique donde trabajaba organizó, en uno de

los hoteles más exclusivos de la ciudad, un desfile de modas en el que participé como modelo. Esa noche, la representante de la casa Emilio Pucci, al ver mis aptitudes innatas para la pasarela, me ofreció una beca para estudiar modelaje en Milán. Mi madre no estuvo de acuerdo, pero ya era mayor de edad y no necesité de su consentimiento. Dos semanas después viajé a Italia, donde permanecí por cinco años.

Camila manifestó que no les veía trascendencia a los problemas de Zorel. Muchas personas pasan una vida de miseria y no por eso se convierten en compradoras compulsivas.

—Camila, permite que Zorel termine su relato —intervino la sicóloga.

—Estoy segura de que no es sincera y está escondiendo la verdadera causa de su adición —insistió Camila.

—¡Cállate y déjame terminar, bruja! —gritó Zorel, molesta.

—¡No seas atrevida, perra!

—¡Tú no deberías estar en este centro sino en el manicomio!

Camila, sin poder contenerse, se levantó de la silla y se abalanzó sobre Zorel. Fue necesaria la intervención de todos los presentes para evitar la confrontación física. A Rebeca le dio una crisis de histeria al ver a sus compañeras enfrentadas de ese modo. No podía contener las carcajadas. Entre los insultos y la histeria, se escuchó la voz del doctor Aparicio, reprendiéndolas enérgicamente:

—Compórtense, señoras, no estoy dispuesto a permitir este tipo de agresiones. Si ustedes quieren rehabilitarse, van a tener que seguir al pie de la letra nuestras indicaciones. Si no, me veré precisado a suspender el proceso y a ordenarles salir del centro.

Camila detuvo su ataque y Zorel dejó de vociferar. El ofuscamiento de Camila era de tal magnitud, que no sabía qué hacer. Acto seguido, se acercó a Zorel para pedirle, entre dientes, una disculpa.

— ¡No pude controlarme! Perdónenme. No sé qué me pasó —dijo mirando a todos.

El Padre intervino con un tono un tanto más conciliador.

—Recuerden que no está permitido juzgar a ninguna de sus compañeras. Ese fue el inicio de la trifulca. Ustedes pueden dar sus impresiones solo al final, cuando su compañera haya terminado de hablar. Además, deben guardar la compostura. Bien saben que la comunicación solo es posible en el marco del respeto.

Zorel continuó con su relato y expresó que su vida de privaciones terminó cuando conoció a Alberto. Él era uno de los mejores partidos, además de ser un hombre generoso y galante.

—Cuando me invitó a la primera fiesta, le dije que no tenía nada que ponerme. Esa noche llegó a mi casa con cinco vestidos y dos pares de zapatos con sus respectivas carteras. Mi madre se negaba a que aceptara los regalos, pero Alberto logró convencerla.

Zorel agregó que cuando se casaron, Alberto no quiso que ella trabajara y le dio todo el dinero que necesitaba y mucho más. Ella empezó a llenar el vacío de su vida sin sentido, comprando cosas. Cada vez que recordaba su pasado de privaciones, sentía deseos incontrolables de comprar y se decía a sí misma: «¿Por qué no?, me lo merezco». Y entonces compraba y compraba hasta aturdirse.

—El impulso incontenible de comprar, más allá de la necesidad, se enmarca en una pérdida de control de la situación. La compra sin escatimar gastos produce una sensación de éxtasis. Y cuando la mente se niega a abandonar esta sensación placentera y se empecina en obtenerla, una y otra vez, al precio que sea, en ese momento el deseo se convierte en necesidad, y entonces ya hay dependencia —afirmó el doctor Aparicio, antes de acercarse a Zorel.

—Su esposo la desatendió y usted se relacionó con las amistades de su pareja y no iba más allá de captar la personalidad superficial de ellos. Es decir, trataba de imitar el estatus por el comportamiento, la posición social y la forma de vestirse. En resumen, catalogar el personaje por la máscara que nos muestra y no por la persona que hay dentro. Estos no se pueden llamar amigos, sino compañeros de infortunio. El mundo de fantasía en el que se insertó la deslumbró. Rodeada de mujeres frívolas y superficiales, fue copiando sus modelos de conducta y, casi sin darse cuenta, quedó inmersa en la adicción a las compras.

El doctor Aparicio amplió aún más el concepto del problema:

—Algunas personas tratan de saciar el vacío que les causa la soledad, el tedio, los problemas, el dolor y la incomprensión, canalizando estos sentimientos hacia el consumo. La falta de sentido de la vida, el percibirse inútil, el aburrimiento y las frustraciones activan el deseo de comprar. Cuando este propósito se transforma en necesidad irreprimible, entonces surge el problema de la compulsión —agregó la sicóloga.

Para superar su adicción, Zorel tenía que ser consciente de la raíz de la misma adicción, de la sensación de impotencia, del temor a la inseguridad, del miedo a la vida, de la desconfianza en los demás y de otros motivos que pudieron irse entrelazando de manera confusa.

Cuando faltaba una semana, el doctor Aparicio les informó que tanto Rebeca como Zorel estaban listas para ser dadas de alta, no así Camila. Ella necesitaba por lo menos unas cuatro sesiones más. El equipo de rehabilitación la insertaría en un nuevo grupo. Camila preguntó que si tendría que repetir las sesiones desde el principio. Rebeca no permitió que el doctor Aparicio respondiera y dijo que ella estaba dispuesta a acompañar a Camila hasta que se recuperara.

Zorel apoyó la propuesta de Rebeca. Ellas sabían que en ocasiones hay que detenerse o cambiar el rumbo para ayudar a los demás. Ese es el verdadero sentido de la vida. Rebeca, Camila y Zorel habían reconocido que solas eran impotentes ante la adicción.

OBRAS PUBLICADAS

Caminos y encuentros
Y era lo que nadie creía
Travesías mágicas
La noche oscura
La cárcel de temor
Roberto por el buen camino
La raíz de la hoguera
Los ángeles del olvido
No hay Trato
Mujeres en fuga
Agenda para el desastre
Niña bella
El retorno de los bárbaros
El crepitar de la Hoguera
Diagnóstico: N. P. I.
Los misterios del olvido
El arcoíris sobre el pantano
El poder desenmascara
Un grito desde el silencio/ el oscuro abismo del bullying
El murmullo de la sombra
Vida de compromiso
La noche no dura para siempre
Se presume culpable
Veinte años Después
La burbuja invisible
Solo en la noche se observan las estrellas
¿Qué vamos a hacer después de lo que nos hicieron?
En el umbral del olvido
El maestro de los sueños